BUZZ

Seu Elias

A ARTE DE EMPREENDER DO ZERO

Como tirar do papel e construir
um negócio com propósito

Dedico este livro à minha esposa, Liza, às minhas duas filhas, Catarina e Clara, aos meus pais, Valdete e Toninho, e a toda a minha equipe. Cada um de vocês foi essencial em cada passo desta jornada. Obrigado por acreditarem em mim, mesmo quando muitos desacreditaram. Por estarem ao meu lado nas fases mais difíceis e nas mais bonitas, por não desistirem de mim, mesmo quando eu pensei em parar. Vocês são meu porto seguro, minha base, minha motivação. Este livro também é de vocês.

1

SEM CORTAR CAMINHO

1

RAÍZES

Treze anos.

Não sei o que você estava fazendo quando tinha essa idade. Quantos carrinhos tinha para brincar, quantos jogos de videogame. Quanta lição de casa. Quanto privilégio.

Eu não conhecia nada disso. Sabia apenas que tinha um talento, uma vontade e uma fome — literal — de cortar cabelo. E depois varrer o chão e limpar o espaço que eu chamava de barbearia, para manter a qualidade do que eu nem sabia que seria um dia.

Cortar cabelo era mais do que simplesmente fazer alguém se sentar diante de um espelho e se sentir melhor com o resultado do meu trabalho. Era proporcionar alguma coisa que eu, na época, nem sabia ao certo o que era, mas que estava na minha essência.

Eu era o menino que cortava cabelo. E um menino que sabia guardar segredos, dos mais simples aos mais complexos. Porque naquela cadeira muitas histórias eram contadas, como confissões de pessoas que não se arrependiam diante de um padre, mas desabafavam diante de um simples barbeiro.

Costumo dizer que a profissão me escolheu. E depois de 26 anos de sucesso, consigo olhar para trás e entender o que me fez chegar aonde cheguei. Foi na cadeira de barbeiro que recebi meus maiores conselheiros. Eram pessoas que seguiam como clientes,

Cortar cabelo era mais do que simplesmente fazer alguém se sentar diante de um espelho e se sentir melhor com o resultado do meu trabalho. Era proporcionar alguma coisa que eu, na época, nem sabia ao certo o que era, mas que estava na minha essência.

mas que também traziam soluções para problemas que eu nem imaginava que tinha.

Ao longo da carreira, foram muitos os conselhos que recebi, mas três deles mudaram o curso da minha vida.

O primeiro veio de um amigo, o Wanderson, que em meados de 2009 me apresentou um jogador de futebol para que eu pudesse atender. Eu nem sonhava que aquilo transformaria a imagem do profissional que eu era. Bastou atender um jogador para que outros começassem a me procurar, recebendo-me em suas casas.

O lado bom disso era ter uma agenda cheia de celebridades do mundo do esporte, mas o lado ruim é que comecei a conviver com pessoas que tinham uma realidade muito diferente da minha. Quando isso acontece, você se dá conta da situação em que vive. Foi aí que entendi que, apesar de atender grandes nomes, eu ia até eles com um carro velho, cheio de reparos, e, quando voltava para o meu salão, observava o que não queria admitir: era um lugar precário e muito simples diante da realidade daqueles homens atendidos por mim.

Minha esposa era cabeleireira, nos conhecemos na igreja ainda jovens, e quando comentei com ela que estávamos atendendo pessoas de altíssimo gabarito, morando num lugar tão simples e com um salão muito simplório, tivemos uma ideia: precisamos mudar daqui.

Foi aí que surgiu a figura do Silas, um grande empresário com quem comentei sobre o desejo de sair daquela realidade. Como ele era muito bem-sucedido, eu esperava que se tornasse meu investidor. Levei todas as minhas ideias de expansão do negócio e trouxe o fato:

— Não tenho dinheiro, nome para pegar crédito no banco, nem sei por onde começar.

Eis que ele me disse uma das coisas mais frustrantes e absurdas que ouvi:

— Coloca tudo isso que você está sonhando em um papel. Em um papel, como se fosse uma carta para Deus.

Fiquei perplexo naquele momento.

"Num papel?", pensei. Achei aquilo papo furado e o deixei ir embora, ainda frustrado por ter compartilhado meus sonhos e ele não os ter abraçado. "Pra que escrever uma carta se Deus conhece meu coração?", pensei. "Ele sabe tudo que eu quero, não preciso disso."

Cheguei em casa e comentei esse episódio com a minha esposa. E não é que ela achou a ideia boa?

— Meu amor, o "não" nós já temos. Vamos fazer a carta.

Pegamos um papel e começamos a escrever tudo o que queríamos viver no futuro. Mas não apenas no aspecto profissional. Escrevemos todos os detalhes de nossas vidas.

Barbearia Executiva Elias Torres

Honrar a Deus acima de tudo. (Nunca deixar de entregar o dízimo)

Mais de quatro profissionais barbeiros

Espaço para noivos completo

Estética, massagem, podóloga

Ser a maior barbearia executiva de Belo Horizonte

A primeira em um bairro de aquisição alta

Atender os jogadores de todos os times

Qualidade e bom atendimento

Ter serviço de manobrista, copeiro, faxineiro, recepcionista, gerente, café, internet wi-fi, água, Coca-Cola, os melhores produtos para o público masculino

Ser uma empresa reconhecida nacionalmente com o que há de melhor em serviços para o público masculino

Cobrar caro

Ter uma imensa cartela de clientes

Ter excelentes profissionais trabalhando

Pessoas de extrema confiança

Atender pessoas famosas

Atender pessoas de boas condições financeiras

Ter as melhores ferramentas de trabalho

Ter um extremo crescimento já nos primeiros meses e continuar crescendo a cada dia

Depois da tarefa finalizada, pegamos aquela carta e a guardamos.

Éramos felizes, apesar de não ter grana para fazer as coisas que sonhávamos ou comprar aquilo que queríamos.

Um ano depois começamos a procurar lojas e cada um dava um pitaco diferente. Nessa mesma época conheci, no YouTube, uma figura chamada Flávio Augusto da Silva. Ele contava que tinha pegado todo o dinheiro do cheque especial e aberto sua primeira franquia.

Justo eu, que nunca tinha sujado meu nome, considerei fazer isso também. Aquilo mexeu com a minha cabeça de tal forma que pensei "vou até o banco". Lá, consegui um cartão de crédito, aumentei meu limite, consegui mudar a minha bandeira do banco e decidi fazer o que o Flávio tinha feito. Afinal, eu queria ter uma rede de barbearias.

Só que eu fiz tudo errado. Era um cara falador demais, sem conhecimento algum e contava os meus planos para todo mundo. Quando abrimos a barbearia com 138 mil reais na época — dinheiro que eu havia pegado do banco —, eu estava desesperado. A inauguração, que deveria ter sido um evento feliz, na realidade mostrou minha expressão de pânico e angústia.

O que eu tinha feito? Saí de uma realidade sem nenhuma dívida para uma grande dívida. E basicamente tínhamos um negócio certeiro, mas no lugar errado.

Era um espaço pequeno, mas bem-feito, com marca, estrutura e barbeiros engravatados. Porém, as dívidas começaram só a aumentar.

Mesmo na maior pendura, no ano seguinte nos mudamos para um apartamento onde dormíamos num colchão inflável na sala. O apartamento era 100% financiado, e eu também decidi comprar um Fiat Uno zero-quilômetro.

Foi na cadeira de barbeiro que recebi meus maiores conselheiros. Eram pessoas que seguiam como clientes, mas que também traziam soluções para problemas que eu nem imaginava que tinha.

As dívidas continuavam aumentando, e com isso chegou uma visita que todo empreendedor que não está vendo resultado acaba conhecendo: a ansiedade. Ela veio sem aviso. Primeiro com um aperto no peito, depois as crises de insônia, e logo em seguida, com a falta de motivação, medo e pensamentos de todos os tipos — a loucura das dívidas —, comecei a ter pensamentos de arrependimento, frustração e acreditava que nunca ia sair daquilo.

Nessa época, encontrei uma pessoa que mudou minha vida: um amigo que sugeriu que eu desse um curso. Pensei imediatamente que não tinha nascido para aquilo e achei que ele queria absorver meu conhecimento para ser meu concorrente, mas topei a empreitada.

No primeiro curso, cobrei cem reais de cada um dos barbeiros, e a sala lotou. Isso me deu ânimo para continuar. Quando passei da quinta edição, percebi que o curso estava se tornando mais forte que a barbearia.

Começamos a ganhar dinheiro, e a parte financeira foi se ajustando. Montamos uma linha de cosméticos, as condições foram surgindo e fomos realizando sonhos, como morar na casa que queríamos e viajar para os locais com os quais sonhávamos.

Só que o que era apenas uma ansiedade pontual se tornou uma grande depressão, e de repente eu me vi na sala de um psiquiatra com um diagnóstico e uma receita em mãos, enquanto tinha pensamentos suicidas, mesmo com a vida profissional fluindo da melhor maneira possível.

Foi quando o maior milagre das nossas vidas aconteceu: no meio dessa conturbação toda, depois de chegar a pensar em suicídio, minha esposa trouxe um presente embrulhado. Quando o abri, li a frase “Papai, estou chegando”.

Você pode achar comum, mas, para nós, era absolutamente anormal, já que tínhamos sido considerados um casal infértil por três médicos diferentes que nos deram o mesmo diagnóstico: a nossa única opção seria adotar, eles diziam.

Mas ela estava grávida.

Se por um lado fiquei feliz com a notícia, por outro me vi mergulhado em tantos eventos, com uma agenda tão cheia que comecei a me sentir culpado por não poder estar ao lado dela no pré-natal ou na data do parto.

Por sorte, mesmo com vinte eventos por mês, no dia do parto eu estava lá. E, quando a Catarina chegou, entendi que seria curado. E realmente comecei a ver a vida de um jeito diferente.

Não fui curado da depressão imediatamente, mas era como a poda de uma rosa. Quando você a corta, ela não morre na hora, mas vai murchando e perdendo pétala por pétala.

Continuei a medicação, não descuidei da terapia e continuei firme no nosso propósito de expandir o negócio, mas sem abrir mão do tempo com a família.

Até que um dia pegamos novamente aquele pedaço de papel.

Abençoar pessoas através da nossa empresa

Ter capacidade, conhecimento, fazer cursos no exterior e levar também os funcionários

Ter projeto com arquiteto Flávio Moreira

Ter equipamentos modernos

Ser sempre coberto pelo Sangue de Jesus!

Nunca perder a humildade

Tratar sempre muito bem seja quem for!

Que as pessoas que entrarem neste lugar sintam a doce paz do Senhor Jesus.

Nunca seremos assaltados, nem furtados, nem roubados nenhum centavo

Seremos referência no Brasil e no exterior!

Que a empresa contribua com a obra missionária

Teremos iPad e computadores para os clientes

Teremos vários profissionais trabalhando

Que toda pessoa que trabalhar conosco tenha um excelente prazer em trabalhar na empresa.

Obs.: Cremos que o Senhor fará o possível e o impossível para este projeto acontecer este ano de 2012.

Hoje não temos condições financeiras, mas o Senhor pode!!! É no nome de Jesus que pedimos e cremos... Amém!!

Elias Torres, Eliziane Oliveira Torres da Silva e o Neném
Amém
7/1/2012

E começamos a chorar...

Tínhamos trinta recepcionistas, atendemos mais de duzentos jogadores de futebol, dentre eles, quatro vezes foram os jogadores da seleção brasileira. Eu tinha cortado o cabelo do próprio Messi, do Ronaldinho Gaúcho e do Neymar. Tínhamos uma barbearia dentro do Clube Atlético Mineiro, do Cruzeiro, a maior indústria de cosméticos para cabelo masculino do Brasil, um ano de cursos esgotados, mentorias para donos de barbearias, serviço de manobrista, eventos, contribuições com obras missionárias em Moçambique e ainda fomos presenteados com duas meninas, frutos do nosso amor.

Tudo isso por causa de um pedaço de papel.

Um pedaço de papel que mudou a minha história. E foi através de Deus que esse papel mudou tudo.

2

FÉ E FORMAÇÃO

Se tiver algum problema, ora que melhora.

Era assim que desde pequeno eu lidava com os percalços da vida. Com orações. Minha mãe era uma cristã verdadeira, conhecida como a irmãzinha do coque. E tratava de todos os seus problemas, inclusive os psiquiátricos, na igreja. Tinha pavor de hospital e não pensava em apelar para a medicação. Para ela, psiquiatra era coisa do demônio.

Ela orava. Mas é claro que nunca melhorou.

Eu me vi, em 2014, endividado e com crises de ansiedade. Orando, pela primeira vez eu consegui me livrar de uma crise em apenas dez minutos cronometrados. Minha mãe estaria certa?

Mas, na noite em que tudo aconteceu, o ar me faltou. O peito apertava, as palpitações vinham com força, a boca estava seca. Conforme eu puxava o ar, sentia que ele não vinha. A sensação era de que eu iria sufocar.

Peguei o celular ao lado da cama. A madrugada parecia mais aterrorizante. Digitei no Google os sintomas, e o decreto estava dado: infarto, pelo menos era o que o Google dizia. Imediatamente comecei a sentir o braço formigar, mais um dos sintomas descritos pela pesquisa na internet.

Não me lembro exatamente da sequência de fatos, mas a luz do celular foi se apagando, e em alguns segundos eu desmaiei sobre o corpo da minha esposa. Ela me sacudiu com força, retornei à consciência e expliquei, ainda sem ar, que estava tendo um infarto. O pânico potencializava tudo aquilo que eu sentia, e, por mais que ela tentasse me acalmar, implorei que me levasse ao hospital. A sensação de morte iminente era certa.

No caminho, ela foi passando pelos sinais vermelhos de Belo Horizonte, e, enquanto passávamos pelas ruas da cidade, lembrei que estava brigado com meu irmão. No mesmo instante peguei o celular e — no meio da madrugada — liguei para pedir perdão. Não queria morrer brigado com ninguém.

Ele ficou apavorado. Não fazia sentido algum o que eu dizia mas eu me despedi, dizendo que estava infartando e indo para o hospital. Só tivemos tempo de dizer para qual hospital estávamos indo para que ele chegasse antes mesmo do que nós.

Demos entrada, ainda apavorados, e os médicos fizeram todos os exames para constatar o que não imaginávamos: "Você não tem nada". Aquele diagnóstico me tranquilizou e voltamos para casa, mas, esporadicamente, eu tinha pequenas crises de ansiedade.

Até que um dia, já em 2018, inaugurando uma grande loja do Seu Elias, cheguei ao local de bermuda e chinelo para ver a obra. Por fora eu parecia tranquilo, mas por dentro meu peito doía. "São gases", disse um amigo com quem comentei minha situação.

Pouco tempo depois eu caí sentado e comecei a enrolar a língua, fui levado ao hospital imediatamente. Naquele dia, deitado no colo da minha esposa, decretei mais uma vez: agora eu vou morrer.

Já era a quarta crise séria que eu tinha.

Todas as portas do hospital se abriram, as pessoas já tratavam como algo grave. Mas o fato é que fiquei nove horas ali fazendo todos os tipos de exames para mais uma vez constatar: eu não tinha nada.

— O que está acontecendo? — perguntou o médico, referindo-se à minha vida pessoal.

Respondi que estava preocupado demais, estressado, que a minha agenda na época tinha dezesseis eventos por mês, um em cada estado. Duas obras em andamento, dívidas, preocupações e noites sem dormir.

A resposta dele foi imediata:

— Você tem que se tratar. Seu coração está bom, mas a sua cabeça, não.

Eu pensava naquela frase da minha mãe martelando na mente, "Ora que melhora", e me achava um cara ainda pior por não conseguir obter nenhuma melhora com as orações. Ir a um psiquiatra era um passo grande demais. Aquela frase de que "era coisa do demônio" ainda me perseguia com a voz da minha mãe nos meus pensamentos.

Foi quando fiquei diante de um psicólogo e começamos a conversar, eu só conseguia chorar e nada mais.

Quando o maior milagre das nossas vidas aconteceu, a segunda gravidez da minha esposa, eu me vi no fundo do poço de novo. Eu tinha acabado de receber a melhor notícia que poderia ter, mas minha mente estava ainda pior.

"Lutei a vida inteira para ser pai, e agora minha agenda não me permite estar com minha esposa nem no pré-natal, nem no parto", pensei.

Até aquele momento eu só tinha experimentado ataques físicos. Dali em diante, a coisa piorou: comecei a ter pensamentos suicidas. Eram pensamentos que me faziam imaginar pular de um prédio ou me jogar debaixo de uma ponte. E eu ficava perturbado o tempo todo com aquilo.

Em vez de ir a um psiquiatra, mais uma vez segui os conselhos da minha mãe, "Ora que melhora", e chamamos uma pessoa da igreja para orar na nossa casa. Ela passou um óleo ungido em minha testa, fez algumas orações e, no final de tudo, disse:

— Não vejo mais nada espiritual.

E, para minha sorte, ela proferiu as seguintes palavras:

— O que foi espiritual já foi tratado. Agora você precisa de um psiquiatra.

Aquela palavra me assombrava, mas, no consultório do dr. Ismael Sobrinho, eu perdi o preconceito sobre esse tipo de profissional. Foi ele quem quebrou as crenças que eu tinha desde a infância.

— Assim como seu estômago fica ruim, seu cérebro também pode precisar de remédio —, e me mostrava as regiões do cérebro expli-

Eu entendia que dinheiro poderia trazer realizações e prazeres momentâneos, mas a paz eu só encontrei realmente em Jesus.

cando como eram produzidas as substâncias que estavam em falta no meu organismo. Como ele era um médico cristão, logo emendou:

— Mas uma coisa não tira o mérito da outra. Tomar apenas os remédios sem se envolver com a parte espiritual não vai adiantar.

E além de falar sobre entrar numa academia, regular meu sono e minha alimentação, ele disse:

— Se você só tomar remédio, vai ficar como uma parede estragada com um papel de parede bonitinho por cima. O que vai preencher esses medos é Jesus.

Eu, que pensava em suicídio todas as noites, não queria acabar com a minha vida. Só queria aliviar aquele sofrimento latente. Nada me dava paz.

— Mas, doutor, eu não vou ficar viciado nesses remédios para dormir?

As palavras dele ficaram gravadas na minha memória para sempre:

— O prejuízo de não tomar é muito maior do que o de tomar.

Naquele dia saí dali com quatro prescrições de remédios diferentes. Eu ficava ansioso para chegar em casa, tomar o remédio, capotar e acordar no dia seguinte mais disposto.

Quando acordava, já fazia um devocional com Deus, começando a ter um tempo para falar com Ele. Passei a ler mais a Bíblia, a ter uma vida com Deus mais assídua. E aquilo foi uma obra completa.

Financeiramente eu já tinha saído dos maiores apertos. Estava morando numa casa com piscina, tinha algum dinheiro na conta, mas pensava muito naquele ditado de que dinheiro traz felicidade. "Como o dinheiro traz felicidade se os pensamentos suicidas só vieram depois que eu cresci financeiramente?"

De fato, eu entendia que dinheiro poderia trazer realizações e prazeres momentâneos, mas a paz eu só encontrei realmente em Jesus. E hoje eu digo que o ar que respiro é porque consegui me equilibrar em três pilares: Jesus, medicação e o apoio da minha esposa e da terapia.

Minha esposa era a pessoa que mais tinha paciência comigo naqueles momentos. Só uma vez que cismei de ter uma crise quando ela estava grávida e ela acabou expulsando a crise no chute:

— Ah, não, se você cair eu não consigo te pegar por causa da minha barriga. Se apruma aí porque eu cuidei de você até aqui, agora você precisa cuidar de mim.

Assim, em minutos, a crise foi embora. Mais uma prova do poder da nossa mente, tanto em deixar que pensamentos intrusivos nos provoquem, até em nos tornar pessoas mais sãs.

Eu tive uma psicanalista que sempre dizia:

— Elias, no dia em que tiver uma crise, foque no que está vendo de material. Por exemplo, se estiver na barbearia, olhe para o secador com bico preto e duas travas. Vai falando o nome das coisas, isso desvia a atenção do seu cérebro.

Comecei a ver uma melhora significativa. Mesmo com dias bons e ruins, eu não queria mais cometer suicídio. E me apoiava nas palavras da Bíblia, que diziam: "O povo padece por falta de conhecimento". Via dezenas de pessoas que tinham preconceito contra remédios e nunca tinham entrado no consultório de um psiquiatra.

Fui tendo uma melhora e comecei a compartilhar o que tinha vivido com as pessoas, assim que comecei a desmamar do remédio. Já não fazia tantos eventos no mês, porque tinha ouvido um conselho do próprio médico que dizia:

— Por que fazer dezoito eventos no mês por um cachê tão baixo? Aumente seu preço e viaje menos.

Ouvi aquele conselho e o segui. Trabalhei estrategicamente para isso.

No dia do parto da Catarina, precisei me medicar para me acalmar. Mas não era mais uma constante. Eu estava ali, com ela no colo. E, assim que senti no meu rosto o flash de uma foto com ela, pensei: "A partir de hoje começa sua cura e libertação dos pensamentos ruins".

No outro dia eu não estava curado, mas estava melhor do que no dia anterior.

Hoje, quando conto esses episódios nos meus eventos, os homens não apenas se solidarizam, como chegam até mim com seus relatos e não se sentem sozinhos em suas dores.

Recentemente, em Juiz de Fora, eu falei as seguintes palavras em um evento:

— Eu sei que alguns de vocês têm exatamente as mesmas crises que eu. Entendam, o suicídio não é a saída. Eu pensava que era. Deus é a saída para você. Uma medicação é a saída. Não é a medicação sozinha, mas essa combinação pode te ajudar.

E falava da importância de destravar a cabeça e abrir o coração para Deus e para a medicação.

Assim que cheguei no hotel, um aluno me escreveu: "Eu vim para esse evento e deixei uma carta escrita, porque não aguentava mais. Eu me despedi de todo mundo porque queria tirar a minha vida. Ao ouvir sua experiência, senti esperança. Deus salvou a minha vida através da sua". Naquele dia eu chorei, emocionado com o que um relato de vulnerabilidade era capaz de fazer: salvar vidas.

Eu tinha ficado doente. Mas aquele não era meu estado normal. E, assim, fui percebendo uma série de coisas na vida, e que poderia existir aquilo que minha mãe dizia, de ter um fator espiritual perturbador nas pessoas, mas, mesmo que estejam libertos nesse sentido, continuam tendo esses pensamentos de suicídio. Muitas trazem um histórico de opressão familiar, abusos físicos, sexuais e psicológicos, e isso tira o prazer na vida. Dessa forma, elas acabam não se exercitando, não se alimentando corretamente e vão se autodestruindo.

Quando entrei num programa chamado Legendários, que é um encontro de homens que sobem uma montanha para se conectar com sua espiritualidade e entender que ser homem não é pagar contas ou ser o provedor; eu ainda tinha resquícios de depressão, mas subi ela de um jeito e desci como outro. Muita coisa ficou lá.

E, quando a gente reúne muitos homens, você ouve testemunhos de pessoas que passaram pelo mesmo que eu passei. E não nos sentíamos sozinhos.

Nesse evento, em um dos encontros, um grande empresário me chamou um dia e disse:

— Eu estou passando por isso. Tenho pensamento de morte toda hora... O que eu faço?

Falei para ele procurar um psiquiatra. O temor dele era o mesmo que o de muitas pessoas que não procuram ajuda por "medo de tomar remédio".

— Se você quebrar um braço, não vai precisar de um gesso? O remédio é um gesso para consertar seu cérebro. Depois você vai tirar — respondi a ele.

Claro que hoje eu sei que quem me devolveu o ar que respiro não foram apenas os remédios. Foi a medicação, juntamente com a minha nova comunhão com Deus, que me trouxe forças para continuar. Me trouxe esperança. Me devolveu a vontade de viver.

3

DECISÃO

Doze reais. Era o valor do meu corte na época. E eu cortava o cabelo de um cara que tinha bem mais dinheiro que isso, e ele me convidou para um churrasco na casa dele.

Lá fomos nós, eu e minha esposa, para passar um dia que eu imaginava que seria incrível. Toquei a campainha e ficamos aguardando. Como ele estava ocupado recebendo outros convidados, seu pai veio nos receber.

— Oi, tudo bem? Você conhece meu filho de onde? — ele quis ser educado.

Respondi, sem qualquer vergonha:

— Eu faço o cabelo dele.

Ele perguntou mais uma vez, como quem não tinha entendido:

— Você faz o cabelo dele? Você faz o quê?

Me senti na pequenez dos meus treze anos quando percebi a intenção do homem.

— Sou barbeiro.

Para piorar, a resposta dele veio cortante:

— Você não tem cara de barbeiro, rapaz...

Perguntei o que era ter cara de barbeiro, e ele retrucou:

— Ah, meu barbeiro tem 80 anos... E você sempre foi barbeiro?

Respondi que sim, e ele soltou a frase que eu jamais imaginei escutar um dia:

Entendi que queria ser
um barbeiro que se orgulhasse
da profissão e formasse
outros barbeiros que também
tivessem o mesmo propósito.

— Você nunca pensou em ser alguém na vida?

Com aquelas palavras, ele me fez engolir em seco. Era um misto de emoções, de raiva, de sentimento de menos-valia. Eu sabia que os filhos dele eram médicos, advogados. Engolir aquilo me fez sentir uma ira gigantesca.

— Não achei que tu fosses barbeiro, não — ele emendou. — Tem cara de doutor.

Para sair daquele clima, eu brinquei:

— Pois é, minha mãe mandou eu estudar. Eu não quis. Agora tenho que ficar cortando o cabelo dos outros.

Depois que minha esposa contou que estava estudando design de interiores na Fatec (Faculdade de Tecnologia do Estado de São Paulo), ele se interessou. Começou a contar sobre a neta dele que tinha a mesma profissão, e eu me senti um completo fracassado.

"Vamos embora", falei para minha esposa assim que ficamos sozinhos.

Me sentia um verdadeiro NADA. E se você não tem a identidade bem clara de quem você é, acaba acreditando que é um nada mesmo.

Saímos de perto dele, comemos churrasco e fomos para casa. Eu estava pê da vida e ainda tinha que conviver com meu complexo de inferioridade. Ali eu tive a certeza de que não queria mais ser tratado daquela maneira. E aquela raiva foi o combustível para querer ser mais do que eu era.

Além de tirar a lição de que não devemos menosprezar ninguém, entendi que queria ser um barbeiro que se orgulhasse da profissão e formasse outros barbeiros que também tivessem o mesmo propósito. No entanto, eu não tinha em quem me espelhar. Não tinha nenhum barbeiro bem-sucedido na minha cidade.

O que fazer? Era o que martelava na minha cabeça com a pergunta daquele homem: "Você nunca pensou em ser alguém na vida?".

Digitei no Google "Como gerar valor para meu trabalho?", caí num canal de YouTube chamado Geração de Valor, do Flávio Augusto da Silva, que dizia: "Crescer dói".

Aquelas palavras fritavam no meu cérebro e me davam uma injeção de ânimo.

Assisti a quase todos os vídeos dele e entendi sua mentalidade.

Eu já atendia grandes figurões, milionários. Ia à casa deles com aquelas portas de oito metros de altura, olhava para tudo aquilo e me via tão pequeno. Não tinha crédito, não tinha dinheiro, não tinha investidor, não tinha nada.

Escolhi um bairro onde mais atendia clientes e decidi que iria abrir uma barbearia ali. A minha barbearia não era numa favela, mas era em um bairro bem periférico da cidade.

No dia seguinte acordei, coloquei um terninho e pensei: "Preciso de 100 mil reais".

Munido de cara e coragem, fiquei diante da gerente do banco, que me perguntou:

— Tá, mas qual o nome da sua empresa?

Empresa? Esse dinheiro era para eu abrir a empresa.

E aí nada foi feito. Decidi quebrar algumas regras — que sugiro não fazerem —, mas foi o que deu para fazer naquele dia. Peguei 30 mil reais emprestados na conta da pessoa física, mudei a bandeira do banco e consegui mais 30 mil reais do meu irmão, que comprou minha parte na barbearia em que éramos sócios.

"Cara, tenho 60 mil. Vai sobrar capital de giro aqui", pensei.

Fizemos um projeto com um arquiteto chamado Flávio Moreira, que era o cara dos sonhos, e ele que deu a ideia do nome Seu Elias. "Não adianta você ter um projeto sem um nome forte. Eu acho que tem que ter nome de barbearia", ele dizia.

Já eu acreditava que tinha que ser um nome mais cheio de frescura. E ele dizia que não. "Se você quer criar o conceito de barbearia, tem que ter nome de barbearia, não de salão de beleza moderno."

Eu fui embora para casa e fiquei pensando naquela coisa de "Seu Elias".

E aí cometi o erro que muitos empresários cometem quando estão começando, que é pegar opiniões de pessoas que não têm nada a ver com o negócio. Era óbvio que a escolha não era unânime entre nossos familiares.

Ali aprendi que não deveria dividir tudo com todo mundo. E comecei a entender que dali pra frente precisaria aprender a ouvir conselhos de quem sabia do que estava falando.

Quando decidi que o nome seria Seu Elias, fechamos o projeto. E fui pagando tudo com cartão de crédito, fazendo certas loucuras que, se não tivessem sido feitas, estaria até hoje no mesmo lugar.

E me orgulho de até hoje nunca ter deixado de pagar ninguém.

Só que o que pouca gente sabe é que na planilha do cara que tem fé, uma das colunas tem que ser a do milagre. A coluna do milagre é o que fez a conta fechar, porque toda vez que você tem um projeto que é maior do que o seu bolso, as contas, às vezes, não fecham.

Naquela época, o Seu Elias era muito maior que meu bolso.

A primeira vez que a planilha do milagre entrou em ação foi quando eu estava trabalhando, já no cheque especial, preocupadíssimo com tudo, porque no dia seguinte precisaria pagar funcionários e faltariam 4 mil reais.

Foi quando chegou um sujeito bem-apessoado, cortou o cabelo comigo, trocou um dedo de prosa e depois saiu para buscar amigos pela cidade para cortarem o cabelo comigo. A conversa se estendeu tanto que parecia que nos conhecíamos desde a infância. Quando terminaram os cortes, ele disse:

— Estou te achando preocupado.

Eu falei:

— Não, tô tranquilo. — Mas estava com muito medo dos pagamentos do dia seguinte na minha mente.

Ele respondeu:

— Eu sei que você está apertado de grana. Vou te entregar isso e depois a gente resolve.

Eu falei:

— Mas, cara, você nem me conhece. Como assim?

Ele pediu que eu pegasse. Eu abri, era um cheque de 10 mil reais. Um escape. Uma provisão de Deus mesmo.

Quando fui pagar, ele disse: "Pague quando você puder". Respondi que pagaria quatro parcelas de 2500 reais, somando os juros. Ele deu de ombros e disse que não ia cobrar juros.

Aceitei. E, quando expandimos o negócio, essa mesma pessoa fez isso de novo. Era um dia em que eu tinha muitas coisas para pagar, e ele disse:

— Irmão, pegue esse cheque.

Eu comecei a chorar, porque parecia que o mundo ia desabar. E aceitei mais uma vez aquele milagre. Mas hoje eu não aconselho ninguém a depender de milagre. Tem que fazer a sua parte, e Deus faz o resto.

Sempre fui dizimista e paguei 10% do que ganhava para o dízimo. E teve uma vez que, me lembro claramente, eu devia cerca de 20 mil reais para o banco. E, pelas minhas contas, o dízimo seria de 1400 reais. Fiz o cheque e liguei para a minha gerente:

— Me liga quando esse cheque bater aí, porque esse não pode voltar de jeito nenhum.

Fiquei esperando um, dois, três dias. Ela não ligou, e eu liguei de volta.

— O que houve?

Ela disse que, no dia em que caiu, o cheque se pagou. Como isso aconteceu? Só Deus tem a explicação.

4

O MELHOR DO MUNDO

Era 2009 quando conheci um barbeiro que atendia jogador de futebol e virei fã do cara. Comecei a mentalizar o quão importante aquilo seria para a minha carreira até que, um dia, um cliente chegou com um menino junto. Era o filho de um jogador, o Márcio Araújo.

Eu não entendia de futebol. Cortei o cabelo do menino, e no dia seguinte o pai dele estava lá. Fiz uma foto com ele, coloquei no mural da barbearia, e certo dia ele pediu que eu fosse no Centro de Treinamento para cortar o cabelo dele, porque ele estava concentrado.

Fiquei um pouco emocionado naquele dia e decidi não cobrar, mas ele insistiu.

Logo depois meu nome começou a rodar nos CTs do Cruzeiro e do Atlético, e vira e mexe eu era chamado para cortar o cabelo dos jogadores de futebol.

Até que um certo dia um jogador chamado André, que tinha saído do Santos para jogar no Galo, voltou para o Santos e, quando estava hospedado em Belo Horizonte para jogar pelo Santos, me chamou para cortar seu cabelo no hotel dele.

Cheguei lá, toquei no sexto andar e, quando a porta se abriu, eu quase caí no chão. O próprio Neymar abria a porta.

Na época ele pintava o cabelo de loiro e fazia moicano.

— Sabe fazer moicano? — ele perguntou.

Network é isso.
Num dia você deposita,
no outro você saca.

Mesmo que eu não soubesse, aprenderia ali mesmo. E foi assim, de supetão, que cortei pela primeira vez o cabelo do Neymar. Fizemos uma foto, e na hora de cobrar eu fiquei sem graça. Mas ele me deu um bolo de quatrocentos reais em dinheiro. Saí dali feliz da vida.

Eles gostavam do meu corte, indicavam meu trabalho uns para os outros e, embora eu soubesse que tecnicamente eu fosse bom, não era isso que fazia a diferença. Eu sabia me relacionar com as pessoas e, principalmente, sabia o meu lugar.

Jamais pedia nada além de uma foto e sabia que não estava ali para fazer resenha com os caras. Eu era o barbeiro que cortava o cabelo rápido, bem-feito, limpava e ia embora para a minha casa. Mesmo que eles me convidassem para conversas depois, eu sabia o meu lugar.

Se eu não tivesse tido esse comportamento desde o primeiro corte com o primeiro jogador, jamais teria ganhado notoriedade entre tantos ícones do futebol.

Quando entrei no carro naquele dia, chovia, e, na ânsia de postar a foto mesmo dirigindo, bati o carro. Paramos, contei ao cara que tinha acabado de cortar o cabelo do Neymar, mostrei a foto e ficou tudo bem. Mas acabei usando o dinheiro para consertar o carro do sujeito.

O fato é que alguns comentaristas de esporte já me seguiam naquela época nas redes sociais, e, no dia seguinte, o *Globo Esporte*, um dos programas de TV mais conceituados da maior emissora do país, estava lá na minha porta para falar sobre "o barbeiro dos jogadores famosos". Fizeram uma grande matéria sobre mim, e comecei a ficar famosinho. Mas ainda era um famosinho pobre.

Foi aí que comecei a cortar o cabelo da seleção brasileira. E, na Copa do Mundo de 2014, a seleção argentina ficou sediada justo no CT onde eu atendia os jogadores. Ao saber da notícia, pensei alto: "Deus, me dá essa oportunidade".

Meu gerente disse, na época:

— Irmão, Deus prepara, mas você vai ligar agora pro Carlos Alberto e se colocar à disposição dele.

Foi o que fiz. Eram 11 da manhã quando liguei para o supervisor de futebol.

— Olha, sei que a seleção argentina está aí. Se precisar, já sabe. Estou à disposição.

Network é isso. Num dia você deposita, no outro você saca. E eu nunca tinha pedido nada a ele.

Às 15h ele me ligou, e desmarquei todos os clientes. A seleção da Argentina estava pedindo um barbeiro. Fui até lá e cortei o cabelo de todos os reservas. Eles gostaram, disseram para os outros, e no dia seguinte fui cortar dos demais jogadores.

Fui doze vezes, e nada do Messi. Na décima terceira vez, cheguei lá e ele estava sentado me esperando. Ao seu lado, um segurança. Eu tremia tanto que todos os meus equipamentos foram parar no chão. Ele dizia: "Tranquilo, tranquilo".

E, enquanto colocava as mãos no melhor jogador do mundo, minhas pernas tremiam. Eu precisava resolver aquilo. Mostrei a ele as fotos com o Neymar, o Ronaldinho. Ele deu risada, disse que eles eram feios, e isso foi me acalmando aos poucos. Só parei de tremer na hora em que acabamos. E, mesmo assim, nada de ninguém tirar foto de nós.

No momento exato em que eu recolhia minhas coisas, o supervisor chegou e disse: "Deixa eu fotografar vocês", e bateu a foto do meu celular.

Saí dali e liguei para a assessora de imprensa. No dia seguinte tinha matéria em mais de cinquenta veículos nacionais e internacionais. Era um marco na minha carreira.

Falei para quatro emissoras diferentes, e até a Fátima Bernardes me chamou. Eu faria um corte de cabelo igual ao dos meninos da seleção, ao vivo. Porém, um produtor me ligou no meio do caminho, antes do embarque: a seleção tinha perdido. Não ia ter corte de cabelo na TV.

Mesmo assim, eu só crescia nas redes sociais. Aumentava cerca de 10 mil seguidores por dia.

"Você tem que aproveitar esse hype."

Sim, era hora de crescer.

5

O CRESCIMENTO

— Por que você não abre uma loja sua lá na Savassi?

A pergunta foi feita por um cliente na cadeira enquanto eu fazia sua barba. E a minha resposta estava na ponta da língua:

— Não tenho capital para isso agora, não tenho dinheiro para isso.

Eu me esquivava do crescimento por achar que a região era de alto padrão, moderna, um dos pontos mais famosos de Belo Horizonte. Aquilo não parecia ser para mim. Não para o meu tamanho na época.

Mas ele insistiu:

— Vai lá. Tenho um amigo alugando um espaço. Olha pelo menos.

Eu me enchi de coragem e peguei o contato do tal amigo. Ia só olhar, porque no fundo não acreditava que poderia fazer aquilo.

Só que, ao chegar lá, me apaixonei pelo local. Mesmo sem dinheiro para fazer a obra, fiquei calculando mentalmente quanto teria que investir. E imaginei de cara que o aluguel fosse por volta dos 30 mil reais, pelo tamanho do espaço. Eram 330 m^2.

— E qual o valor do aluguel? — perguntei, só para tirar a dúvida.

Quando ele deu a resposta, meus olhos brilharam:

— Sete mil reais.

Era muito menos do que eu estava imaginando. E a esperança começou a brotar dentro de mim. Aquele impulso, a vontade de arriscar, de querer mais. Eu podia dar aquele passo. Era um risco, mas seria um risco calculado.

Aluguei a loja antes que eu pudesse me arrepender. O ponto era excelente, e, mesmo sem dinheiro ou crédito no banco, eu queria fazer aquilo dar certo. Aproveitar aquela oportunidade me parecia ser a coisa certa a fazer. E lá fui eu mais uma vez correr atrás do dinheiro.

Foi uma via-sacra atrás de empréstimo nos bancos sem nenhum sucesso. O que me salvou foi um cliente que trabalhava no banco e conseguiu um crédito de 300 mil reais.

Meu medo era de que a grana acabasse antes da metade da obra, mas começamos assim mesmo. E, quando de fato o dinheiro acabou, corremos mais uma vez atrás de banco e consegui um cheque especial mais alto, folhas de cheque e acabei a obra numa insanidade louca, com uma dívida alta, mas com condições de pagar parcelado.

Para nossa surpresa, quando abrimos a loja ela bombou muito mais do que a primeira unidade. Em quinze dias ela passou o faturamento da primeira, e foi quando percebi uma coisa: não tínhamos uma gestão do fluxo de caixa. Era tudo muito bagunçado.

Tínhamos doze colaboradores nesta segunda loja. Eu tive facilidade para conseguir bons profissionais e, como via aquilo prosperando, já imaginava grandes franquias. Pensava em escalar meu negócio e logo imaginei como seria ter uma franquia. Tinha grandes inspirações em restaurantes que tinham franqueamento, como o Outback, e via como todos eram iguais.

"Preciso fazer com que todas as lojas sejam iguais", pensei.

O nosso arquiteto Flávio Moreira tinha uma parceria muito grande. Ele sabia que poderíamos expandir e ter modelo de franquias. Ter esse auxílio dele, que estava muito à frente nessa história de expansão de lojas, me ajudou muito.

Eu treinei bem os meninos que trabalhavam comigo. Eles faziam impecavelmente o POP (Procedimento Operacional Padrão).*

* O método será explicado adiante, na parte 2. (N. E.)

Só que eu não havia sido treinado para liderar e não tinha experiência nenhuma com liderança.

Eu era um cara de pavio curto. Nesse período começava algo que eu não sabia que me daria problemas mais para a frente: ter uma liderança impositiva. Comecei a me dar conta de que, em vez de me respeitarem, as pessoas tinham medo de mim. Isso ficava nítido com a postura dos profissionais que mudavam de assunto ao me verem chegar.

Mas eu pensava muito no negócio e ficava extremamente chateado quando eles não faziam as coisas da maneira que eu queria. Em alguns dias o meu desespero e raiva eram tamanhos que eu chegava a chorar antes do trabalho e pensava: "Como posso fazer isso acontecer? Estou endividado, esses caras não me respeitam. Acho que fiz besteira".

Estava arrependido, dirigindo o Fiat Uno lamentando ter feito a segunda unidade e de ter feito a primeira também. "Pra que fui sair do bairro onde cobrava pouco? Estava tudo tão bem. Hoje trabalho dobrado...", eu pensava.

As coisas iam acontecendo sem que eu tivesse o menor controle. E eu acreditava que eles precisavam me obedecer e respeitar o nome da marca. Nesse período, perdi grandes amigos e pessoas queridas que trabalhavam para mim.

Como eu estava dando cursos e viajando muito, sempre estava estressado demais. Eu me desdobrava trabalhando entre as duas unidades e, no final de semana, dava cursos. Era uma insanidade louca, sem folga. Estresse no nível máximo.

Essa unidade só foi dar certo depois de muitos anos, e financeiramente ela foi sempre a que mais faturou. O problema dela não era financeiro. Era a relação com os colaboradores. Tudo era muito desgastante.

Até que um dia decidimos ter a terceira unidade. Eu estava indo muito ao hotel Ouro Minas atender jogadores, quando a direção do hotel me chamou para uma conversa totalmente inesperada e disse:

— Você está vindo muito aqui, e temos uma oportunidade para você. Talvez seja o momento de pegar esse business center que a gente não usa mais e você fazer uma unidade Seu Elias aqui dentro, para os hóspedes, para o público externo e para seus clientes jogadores.

Na hora eu sentia que era uma boa oportunidade, mas não me enxergava grande ou maior do que eu era na época. Pegamos recursos no banco, cartão de crédito da empresa e investimos 150 mil reais.

Com a terceira unidade aberta, comecei a dividir mais a minha agenda. Era uma unidade que fazia a marca crescer demais, já que atletas, famosos e personalidades do Instagram frequentavam e postavam em suas redes.

Começamos a conquistar uma clientela externa das pessoas do bairro e da região, e a alegria acontecia quando recebíamos os jogadores. Ali atendemos todos os times do Brasileirão, recebemos a seleção brasileira quatro vezes e o Neymar, que cortou o cabelo duas vezes. Era uma unidade que cumpria seu papel, que era o de atender esse público e fortalecer mais a marca Seu Elias. Como o hotel tinha muitos eventos, todo mundo que entrava ali passava em frente à barbearia.

Com a quarta unidade, perto de um shopping em Belo Horizonte, decidi fazer o Barber Day Academy, que era uma academia para barbeiros. Nessa época já tinha feito cursos no exterior e queria levar o conceito para o Brasil.

O modelo estava dando certo, e, como havíamos criado um modelo para ser franqueado, abrimos para franquia em 2021.

Foi quando surgiu um franqueado do interior de São Paulo, em Jaboticabal, que preenchia todos os pré-requisitos para ser dono de uma barbearia daquele nível.

Depois da primeira franquia, conseguimos abrir mais cinco, e eu percebi que estava difícil gerir a relação com os franqueados. Decidimos pisar no freio depois do conselho de um mestre das franquias, que me mostrou que naquele momento não era o modelo ideal de negócio: Flávio Augusto da Silva.

Sim, aquele mesmo empresário que tinha me inspirado tantos anos antes quando eu vira todos os seus vídeos; ele se tornou meu mentor, ao lado do Tiago Brunet. Em uma das minhas idas para São

Paulo, num encontro presencial, ele mudou o rumo do meu negócio quando levantei a mão e tive coragem de fazer uma pergunta:

— Eu tenho um modelo de barbearias. Criei um modelo de negócio e estou em dúvida. Tenho cinco lojas próprias e vendi cinco franquias. Como continuo a expansão do meu negócio?

Ele me perguntou qual era a margem de lucro com a franquia, qual o faturamento, e, com os dados que passei, ele determinou:

— Para você ter um giro legal, precisa de ao menos setenta franquias.

Ali eu comecei a pensar: "Setenta unidades de franquia... Será que eu quero setenta unidades, com seis barbeiros em cada uma?". Pensava em como seria treinar essa turma toda naquele momento. Seria difícil.

— Não vou seguir com franquias agora — disse a ele.

Aquele direcionamento do Flávio foi fundamental para eu entender que não era meu momento de franquear as unidades do Seu Elias.

Eu mantive as que já estavam em funcionamento, mas decidi seguir o conselho dele, que era criar um produto High Ticket. As palavras dele não saíam do meu pensamento: "Você é líder de mercado e não tem uma mentoria". Eu pensava: "Mas meu povo chora para pagar e não tem condições...". Mesmo assim, decidi fazer o teste. E é claro que ele estava certo. Depois disso, abri uma mentoria que já passou de 340 mentorados desde então.

Ali comecei a ganhar dinheiro de verdade, muito mais do que nas barbearias ou nas franquias. Começamos a fazer dois eventos anuais — um para 2 mil pessoas, que era a Imersão Barbearia de Milhões, e outro para novecentas pessoas, que era o Barber Day Commerce. Ambos eram para eu fazer o pitch da minha mentoria.

Comecei a entregar conteúdo para os mentorados via zoom, e depois eles tinham acesso diretamente a mim para sanar as dúvidas.

Ali eu via alguns cases de sucesso crescendo. Um deles devia 8 mil reais todos os meses e, depois de colocar tudo em prática, abriu mais três unidades e saiu da operação, ficando apenas na gestão do negócio.

Tudo que precisei foi
de coragem e de bons mentores.
Aquele conselho fez com que
eu recalculasse a minha rota
e chegasse aonde estamos hoje.

Sempre me perguntam se eu não tinha medo de criar concorrentes, e a resposta é simples: quando eu não ensinava, tinha apenas duas lojas. Hoje tenho doze. Além de ensinar o que eu faço, instruo as pessoas a darem mentoria. E acredito que sempre tem mercado para todo mundo.

Em 2022 eu fui para uma mentoria em Alphaville, em São Paulo. Ali nasceu uma sementinha. Eu queria mudar para aquele lugar. Falei para a minha esposa, mas ela achava que ainda não era a hora. E, todas as vezes que ia até Alphaville, eu pensava: "Preciso trazer a Seu Elias para cá".

Eu sempre fui de escrever as coisas e escrevia isso sempre. Mas não sabia nem por onde começar a buscar um imóvel adequado. Foram dois anos procurando. Isso porque eu queria um lugar com uma vista legal e estacionamento, mas eu era chato para validar o ponto. Talvez por isso estava no mercado havia doze anos e nunca tinha fechado uma única unidade.

Vejo muitos empresários fechando o ponto de qualquer jeito sem analisar exatamente a região, e acabam encerrando meses depois. No dia que encontrei o lugar, pensei: "É aqui".

Nesse mesmo dia, minha esposa estava em uma mentoria com a esposa do Paulo Vieira, e nos encontramos no aeroporto. No caminho pensei: "Deus, se for da vontade do Senhor, quando eu encontrar com ela no aeroporto, ela vai estar pensando diferente".

E, ao nos encontrarmos, contei a ela que tinha visto um lugar legal, e ela concordou que poderíamos nos mudar. Em três meses compramos uma casa e fizemos a mudança. Vimos a obra começar e sentimos um milagre de Deus acontecer mais uma vez, com todas as coisas se encaixando.

Não tínhamos dinheiro para comprar a casa nova, mas conseguimos vender um imóvel que estava parado para venda havia quatro anos. Tudo que precisei foi de coragem e de bons mentores. Aquele conselho fez com que eu recalculasse a minha rota e chegasse aonde estamos hoje.

6

A FORMAÇÃO DE UM LÍDER

O crescimento das barbearias ia a todo vapor quando comecei a perceber que a maneira como eu tratava os colaboradores estava em descompasso com a minha personalidade. Eu não tinha mais paciência, estava literalmente explodindo no ambiente de trabalho. Se eu dizia coisas simples como não deixar a marmita fora da geladeira e a visse ali na copa, eu a levava sem nenhum pudor até a mesa do barbeiro para que ele a guardasse.

Então veio a pandemia. E, como em outros negócios presenciais, tivemos que fechar as portas. Eu estava quebrado no meio.

Sem saber o que fazer, comecei a criar um curso on-line para ter uma fonte de renda. Como as pessoas estavam consumindo muito, aquilo se tornou viral e uma maneira próspera de ganhar dinheiro. Mesmo assim eu pensava muito nos barbeiros. Como eles estariam?

Mandei um áudio para cada um, destacando que poderiam contar comigo no que fosse preciso e, depois de receber algumas ligações de clientes perguntando se poderíamos cortar o cabelo deles em casa, tomei uma decisão: teríamos uma recepcionista agendando de casa os cortes, e os barbeiros seriam direcionados aos clientes em suas casas e ganhariam 100% do valor, sem precisar repassar nada para a barbearia.

Comprei um carro e o adesivei para que eles pudessem utilizar, já que muitos não tinham como se locomover até os locais, e abri mão da renda das barbearias para que os colaboradores pudessem ter seu sustento.

Até que voltamos a reabrir. E, naquela ânsia de atender mais pessoas, decidi proibir o atendimento em domicílio. Porém, os barbeiros não acharam aquilo legal. E, mesmo eu acreditando que estava com muitos pontos com eles por ter feito todo aquele movimento para que tivessem sua remuneração na pandemia, todos se voltaram contra mim, dizendo que os clientes seriam, sim, atendidos em casa.

"Mas como assim?", eu pensava. "Os clientes são da barbearia. Não de vocês."

Mas eles insistiam que queriam continuar daquela forma, e ali eu perdi totalmente a compostura. Vi que faziam um motim pelas minhas costas, criando um grupo no WhatsApp em que falavam mal de mim e criavam planos para me ver quebrar.

Na urgência de acabar com aquilo, demitimos algumas pessoas e começaram as ações trabalhistas que despenderiam mais dinheiro do que eu imaginava ter que pagar. Foi dessa forma que tive que aprender sobre gestão de pessoas.

Mudei o modelo de trabalho, sem exigir que estivessem na barbearia em determinado horário. Era um modelo de liberdade com responsabilidade, e aquilo mudou o jogo.

Foi nesse período que comecei a entender sobre gestão de pessoas de verdade. Eu não queria ser só mais um. Queria excelência na experiência com o cliente. E foi tomando pancada que consegui. Tem pessoas que aprendem pelo amor; outras, pela dor. Comigo foi pela dor. Eu sabia que se não me tornasse um líder respeitado jamais teria pessoas que fizessem questão de estar ao meu lado.

No começo eu era um cara bem extremista: bastava que a pessoa me decepcionasse uma vez, e eu ficava chateado. Mas com o passar do tempo fui percebendo que comecei a perder grandes pessoas por causa da minha comunicação. Ou melhor: pela falta dela.

Porque, se havia coisas que eram óbvias para mim, eu precisava entender que não eram tão óbvias assim para o outro. E o óbvio precisava ser dito e comunicado, embora eu ainda não soubesse como fazer isso. Era necessário que eu soubesse como transmitir a cultura que eu queria ver naquele estabelecimento.

A minha primeira providência foi implementar o POP, que, a princípio, só existia na minha cabeça. Organizei todas as ideias num documento, e aquilo passou a ser ensinado para todos os barbeiros da rede. Hoje, quem é responsável por transmitir essas informações a um novo contratado fica cerca de três a quatro horas ensinando tudo. Todo o procedimento e a cultura dentro da empresa.

De tanto praticar, os colaboradores passaram a internalizar a cultura da marca. Entendi que não bastavam apenas os processos técnicos. Havia uma série de culturas e valores que esperávamos que as pessoas soubessem, mas que ainda estavam apenas em mim.

Foi com a implementação do POP que comecei a ver a mudança nos meninos.

E é importante que a sua cultura e regras internas sejam transmitidas aos funcionários antes mesmo que eles entrem em cena.

Outro dia fui num shopping em São Paulo ajustar a manga de uma camisa que não tinha ficado boa. Para minha surpresa, a atendente chamou uma colaboradora para treiná-la comigo. Ou seja, enquanto eu, cliente, experimentava a roupa, ela ia ensinando como a moça deveria fazer.

Além de ser constrangedor para ambos, aquela atitude era amadora demais. Imagine você ir cortar o cabelo e o barbeiro aprender algo enquanto você está sentado na cadeira — que credibilidade aquela empresa iria passar?

Seria um desastre. Quando o cliente chega, o atendente tem que fazer tudo com maestria e excelência. Sempre fui um cara extremamente detalhista e não admito bagunça e desorganização. Sempre zelei por isso em casa, na minha cama, na sala de trabalho e entre outros.

Mas o curioso é que nem sempre consegui transmitir isso. Quando fundei a Seu Elias, digitei no Google "barbearia de luxo" e naquele dia passei a entender melhor como gerar valor no serviço e cobrar um preço justo por ele. Encontrei uma matéria sobre uma barbearia de luxo em Nova York, onde um barbeiro bem-apes-

Quando o cliente chega,
o atendente tem que fazer tudo com
maestria e excelência.

soado e bem-vestido atendia um cliente de forma impecável diante de uma bancada branca de mármore com uma música de fundo.

Eu, com minha calça jeans e meu tênis, pensei: "Preciso trazer esse conceito para cá". E as primeiras pessoas que treinei nesse nível de excelência foram o meu sobrinho e o Luís, filho de uma amiga que tinha apenas catorze anos e foi aprendiz.

Os meninos internalizaram tão bem a ideia de qualidade e excelência que até hoje estão comigo. Um tem quatro barbearias, e o outro é um dos educadores da nossa Universidade. Assim como o paladar não retrocede, quando você é bem atendido e tem uma boa experiência acontece o mesmo. Você é incapaz de ir num lugar onde não é tratado com excelência.

Ao mesmo tempo, hoje consigo transmitir essa mesma qualidade quando estou diante de grandes nomes e personalidades, levando o conceito que implementei na barbearia até a casa dos meus clientes.

Enquanto eu escrevia este livro, Paulo Vieira dizia em suas redes que estava cortando seu cabelo com "o melhor do mundo". E por que essa propaganda espontânea? Porque ele confia na qualidade do meu trabalho, e eu jamais pedi absolutamente nada a ele.

Quando a cultura está intrínseca na pessoa, ela não consegue sair dela nem que queira. Hoje nossos líderes são os guardiões da cultura e do lugar, têm o papel de orientar e fazer os apontamentos com eficiência e assertividade. Ou seja: os líderes não "mandam" em ninguém. Eles carregam o papel de orientar os colaboradores da melhor forma possível. Mas eu sei que nossa cultura não seria tão forte se não houvesse duas coisas essenciais: o POP tão detalhado e o critério de seleção afinado.

Na nova barbearia de Alphaville, a régua subiu mais um pouco para a contratação. No link do pré-requisito, eu exijo que o profissional: tenha formação no Academy, que é a minha Universidade de Barbearia que forma profissionais; seja formado em visagismo, para saber escolher a barba e o cabelo de acordo com o rosto e a personalidade da pessoa; e que saiba falar inglês básico.

Recebi mais de mil currículos. No entanto, apenas cinquenta preencheram esses pré-requisitos. Mas isso não quer dizer que iria contratá-los. Todos foram chamados para a entrevista, e, quando eu os encontrava, dava o ultimato.

Para mim, os olhos são a janela da alma. E se eu vejo um homem que não olha nos olhos, que não sorri, que não transmite segurança, ele pode ter formação em Harvard, mas não vou contratar. Já entrevistei pessoas extremamente competentes que não passaram no processo de seleção porque eu não gostei do perfil delas.

E aqui é importante entender que não existe nenhum tipo de discriminação: tenho pessoas de todas as crenças, etnias, orientações sexuais; mas eu preciso gostar da pessoa, e isso não quer dizer que a pessoa tenha que ser bonita, ela tem que ter o que eu chamo de "cara boa". Sabe aquela pessoa gente fina que você confia que trabalhe em seu cabelo? Pois é: esta impressão tem que ser a característica dos nossos colaboradores. Afinal, como entregar um corte de um cliente para um sujeito com a cara fechada?

Certa vez marquei entrevista com dez barbeiros. Todos teriam que trazer modelo, material e vir de roupa preta. O horário marcado era 19h47. Nove deles chegaram, exceto o João, que chegou esbaforido às 20h15 e de camisa azul, sem o modelo ou o material de trabalho. Dei a ele uma chance, pois ele parecia bem sincero em suas desculpas. E mesmo sendo o último a começar, foi o primeiro a terminar.

Em seguida fiz as entrevistas — e, dos dez, qual eu contratei? O João. Porque, embora ele tivesse chegado atrasado e feito diferente do que eu havia pedido, ele tinha sinceridade na palavra, não tentou me impressionar. Era ele mesmo.

Ao longo dos anos, o João nunca recebeu uma reclamação sequer. E os clientes dele aguardam semanas para serem atendidos por ele. Por que isso acontece? Porque ele cativa as pessoas. Ou seja: a técnica é importante, mas o comportamento é fundamental.

Você pode estar se perguntando: mas e as mulheres? Pois é: eu tenho uma excelente barbeira e tinha dificuldade em encontrar outra mulher para contratar. Até surgir a Tamara. Ela era a faxineira de uma de nossas barbearias. Estava profundamente deprimida porque tinha perdido sua mãe, mas, quando eu chegava, ela sempre estava com um sorriso no rosto, me oferecia um café, uma água e uma bolachinha.

Eram pequenos gestos diários. Um dia minha esposa disse: "Amor, a Tamara tem um perfil diferente, o que acha de colocarmos ela na recepção?".

Ela é uma mulher negra, comunicativa, sorridente e simpática, então fizemos o convite. Ela aceitou a proposta, e investimos em seu desenvolvimento profissional: providenciamos um guarda-roupa mais adequado, indicações de estilo e a posicionamos na recepção como a primeira pessoa a acolher nossos clientes.

Logo os barbeiros passaram a valorizar seu trabalho, porque ela organizaria o fluxo de clientes e o acesso para os próximos atendimentos. Logo os próprios clientes também a elogiavam. E, assim, de recepcionista ela virou supervisora, até se tornar gerente da unidade.

Quando eu procurava uma nova barbeira, nem imaginava que seria quem estava bem diante de mim. Olhei para ela e disse:

— Tamara, topa mais um desafio?

Ela ficou tímida, mas respondeu:

— Se o senhor acreditar em mim, eu vou.

Dali em diante formamos ela profissionalmente e hoje é uma das melhores do Brasil. Mas ela não foi a única que formei no ramo. O Maycon, que era auxiliar do meu sogro, hoje é meu braço direito e CFO (Chief Financial Officer, em inglês) da empresa, e entrou substituindo um gerente sem qualquer pretensão.

Ele informatizou as barbearias, organizou o grupo de empresas, executou tudo. E eu digo que em qualquer negócio devemos ter um visionário e um tocador. Porque ele está no dia a dia executando tudo que eu tenho em mente.

Sim, muitas vezes um empreendedor malogra na execução e acaba perdendo espaço mental para pensar em novos negócios ou criar novas oportunidades. Por isso é imprescindível que haja alguém de extrema confiança executando aquilo que está nas ideias ou nos sonhos de um empresário.

Muitas vezes eu produzo mais em casa com um telefone na mão do que na barbearia. Aliás, certo dia, treinando com um co-

O líder também é um barbeiro,
mas ele é o capitão do time.
E time sem capitão não sabe
para onde vai.

lega, ele me deu um insight que eu não tinha percebido. Temos catorze cadeiras na Universidade para os cursos que ministramos. Então, ele perguntou:

— Por que só catorze? Eles cortam o dia todo?

Eu respondi que não. Metade do dia era teoria; a outra metade, prática. Logo ele veio com a pergunta:

— Você tem demanda para colocar mais pessoas?

Sim, eu tinha. O ano todo de 2025 já estava esgotado, era uma turma nova por semana.

— Passe a vender 28 alunos. Enquanto catorze aprendem a teoria, catorze cortam, e depois você alterna. No final, você junta essa galera.

A partir de um insight, treinando na academia com um colega, eu consegui dobrar o faturamento. Por isso reforço: se eu estivesse ocupado demais com obras, vendo pisos, madeiras, iluminação, jamais teria espaço mental para estar com pessoas, falar de negócios e melhorar o meu negócio. Esse é o papel do líder: estar nos ambientes certos, e o ambiente da empresa também deve ser um local onde as pessoas possam crescer e não estagnar.

Desde o dia em que entram, os barbeiros recebem todas as instruções: desde as mais básicas, como a de que eu não estarei ali todos os dias para instruí-los, até o cuidado sobre o que falar e como falar. Porque temos na nossa cultura empresarial de que ali é lugar para trabalhar. Na Seu Elias temos uma oração antes do expediente — da qual ninguém é obrigado a participar. Não são permitidas fofocas, pornografia, conversas inadequadas no local de trabalho ou palavrões. O cliente deve ter um atendimento impecável do início ao fim.

Isso já faz parte do treinamento dos barbeiros, que são instruídos a dar 100% de atenção para o cliente, sem ficar "de conversa" com outros barbeiros enquanto estão em atendimento. No treinamento também instruímos como fazer uma abordagem ao cliente para identificar se ele quer conversar ou não. Porque, em muitos casos, ele só quer paz, ouvir a música de fundo e cortar o cabelo. Por isso treinamos o tato desse profissional também.

Além disso, temos um manual dentro de cada gaveta. Se o líder percebe algo — como um corte ruim no pezinho —, ele pega determinado produto, coloca na bancada desse profissional e este abre a gaveta para ver o que aquele produto quer dizer. São toques simples desde "maneirar na conversa" até "alinhar a barba".

Assim, o cliente não vê nada, o trabalho não é comprometido e temos uma forma de trocar o pneu com o carro andando, como costumo dizer. Porque às vezes a experiência pode ser ruim e o líder consegue reverter a situação dando um simples toque.

O líder também é um barbeiro, mas ele é o capitão do time. E time sem capitão não sabe para onde vai. Pense nisso.

7

A EXPANSÃO

Era 2014 quando comecei a dar cursos. Os contratantes que me convidavam eram geralmente fornecedores de produtos para cabelo. Portanto, eles faziam o evento e me levavam. Quando eu chegava no local, o contratante me chamava de canto e dizia:

— Elias, você pode usar isso no palco e dizer que temos ali no estande?

Eu estava lá, não tinha nada a perder e fazia exatamente o que pediam. O resultado era tão bom que eles me procuravam no final do evento e agradeciam porque o produto tinha esgotado depois da minha propaganda.

Esse tipo de episódio começou a ocorrer de forma recorrente. Eu usava o produto no palco, e ele esgotava no estande. Só que eu sou um cara empreendedor e visionário. Percebi que estava perdendo uma oportunidade de ter a minha própria linha de produtos. E um dia decidi que criaria uma linha de produtos para vender para os alunos.

Foi quando criei a linha de produtos Seu Elias. Estava confiante do sucesso, mas foi um verdadeiro fiasco. O que tinha acontecido? Percebi que os barbeiros não queriam levar o nome de um concorrente para a barbearia deles. Eu tinha cometido um erro, mas estava decidido a consertar aquele equívoco, não iria desistir na primeira tentativa.

Todo empreendedor
precisa ter coragem de arriscar.
Eu me arrisco com fé.

Ao diagnosticar o que havia ocorrido, contratei uma empresa de marketing, levei o produto e pedi a eles: "Preciso de uma nova roupagem para esse produto, um conceito, uma marca".

Algumas semanas depois eles me chamaram para apresentar o que haviam feito: a Baboon Cosméticos. O nome significava babuíno e ele seria a mascote da marca, assim como acontecia com as grandes marcas do mercado. Eles haviam feito um desenho muito estiloso — um membro de cada um da família de babuínos para cada um dos produtos. Uns com barba, outros com topete e bigode. Tudo desenhado à mão por um profissional.

Quando peguei a embalagem na mão, pensei: "Essa empresa vai crescer e dar mais lucro que as barbearias". Mas eu ainda estava apenas com o protótipo, sem o produto e precisava encontrar uma fábrica que o fizesse. Depois de uma peregrinação, encontrei uma no Rio Grande do Sul e começamos a produção por lá. O primeiro produto, que era uma pomada, foi e voltou 28 vezes — eu testava pessoalmente e dizia que precisava de mais fixação ou viscosidade.

Para o lançamento, fui novamente ao banco pegar um empréstimo de 300 mil reais. Quando lançamos, os produtos esgotaram rápido. E eu tive a ideia de comprar um carro, plotar com a marca e levar aos eventos. Foi um sucesso.

Abrimos distribuidores em algumas capitais, e fui fazendo aporte de dinheiro — até que não tinha mais de onde tirar. Eu precisava fazer alguma coisa.

Na época eu omitia que a marca era minha, apesar de fazer propaganda nas minhas redes sociais. Temia que acontecesse o mesmo que tinha acontecido com a outra marca. Certo dia, com um consultor, falei sobre o meu dilema e ele me disse:

— Vou te ensinar a tomar decisões difíceis.

Ele colocou um papel num cavalete e desenhou duas colunas: numa eu dizia que a Baboon Cosméticos era minha, e na outra eu afirmava que não era. E em cada coluna colocamos prós e contras.

Percebemos que a vantagem seria ter mais credibilidade, poder vender mais; na parte ruim, eu só escrevi "invejosos". Tinha medo que eles destruíssem minha marca. Depois disso, ele decretou: "Bate no peito e fala que a marca é sua".

Lancei a coleção assumindo que era minha. Nas conferências, montamos estandes com lâmpadas LED, e a marca pegou. Virou sonho de consumo de todo barbeiro. Nacionalmente era a marca mais cara. Mas ela cresceu exponencialmente de tal forma que, em 2024, decidimos buscar uma fábrica própria.

A estratégia era simples: nossa margem de lucro era muito pequena terceirizando para a fábrica que a produzia, mas, pelo volume fabricado, valia a pena produzir, já que tínhamos nossa própria química responsável que fazia as fórmulas.

Hoje atendemos o Brasil inteiro, todos os estados e começamos a exportar para o Chile. Muitos me perguntam como eu dei esse passo tão grande para um barbeiro, e eu explico que todo empreendedor precisa ter coragem de arriscar. Eu me arrisco com fé. E, como diz o empresário Flávio Augusto da Silva, "empreender é dar um beijo no risco".

Todo empreendedor precisa criar coisas, ter sonhos, ver as coisas claramente e prever intercorrências antes que elas aconteçam.

Hoje empreendo em algumas áreas, todas dentro do mesmo nicho. Faço meus cursos, dou aulas para barbeiros, tenho minha linha de produtos e minha própria ilha de edição onde os profissionais montam meu conteúdo.

Saí de uma realidade limitada de simplesmente cortar cabelos para explorar um universo de possibilidades. Dentro do nicho que for, você pode fazer o mesmo: ter seus cursos, mentorias, palestras e produtos sem restringir sua área de atuação.

O quanto você inova dentro do seu segmento?

8

PERDÃO E RECONCILIAÇÃO

Venho de uma família simples, mas não de uma família pobre. Meu pai era motorista de ônibus, minha mãe, doméstica. Cinco filhos para criar, por isso tudo era muito simples. E fui crescendo vendo meus irmãos ganharem dinheiro.

Um dia meu pai levou meus irmãos para cortar o cabelo com o Getúlio, que tinha uma modesta barbearia na região. Em um certo momento ele disse ao meu pai:

— Por que você não fala para seus filhos virarem barbeiros?

Foi aí que o Edimar, dez anos mais velho do que eu, foi fazer um curso para se tornar barbeiro, uma profissão digna que traria sustento a ele, e, na sequência, para o Edilson, oito anos mais velho que eu. E eu cresci vendo aquilo.

O Edilson a princípio não queria fazer o curso, mas, como ele trabalhava com mecânica e via o irmão chegar em casa todo limpinho e ele voltava todo cheio de graxa, decidiu que também faria o curso.

Observando os dois — e por influência do meu pai —, entrei no curso aos treze anos também.

Mas antes dessa idade eu já queria ganhar dinheiro. Tinha a ambição de algumas coisas de moleque, mas meu pai não podia me dar tudo que eu queria. Foi quando peguei picolés para vender, depois fiz geladinhos para vender também. Me lembro que o pi-

Um andaime dentro de uma construção é fundamental, mas chega um momento em que ele tem que ser devolvido, senão atrapalha.

colé custava vinte centavos e eu precisava vender muitos picolés para ter um lucro de um real. Mas o que vale dessa história não é o dinheiro, mas a atitude.

Eu andava pela cidade e, curiosamente, parava em frente às barbearias, onde ficava vendo os caras mais velhos cortando cabelo. O barulho das tesouras me encantava. Eu ouvia o som daquelas tesouras e criava um universo de barbearias na minha cabeça.

Só que eu era muito tímido. Eu apanhava na rua dos meninos mais velhos que me viam vendendo. E de alguma forma sofria bullying por diversos motivos na escola. Ao mesmo tempo, eu era um menino muito questionador, que sempre perguntava ao meu pai o porquê das coisas. Ele conta que uma vez estávamos numa farmácia e vi uma caixinha em que estava escrito "preservativos". Eu, curioso, perguntei a ele:

— Pai, o que é preservativo?

Os porquês continuavam sempre. Mas meu pai contornava a situação. Ele disse prontamente:

— Ué, para preservar.

Ele não tinha falado de sexo conosco. E continuou:

— Isso não é coisa de criança.

Em 9 de novembro de 1999, meu pai me levou para um salão onde o curso de barbeiro custava quarenta reais por mês e todos os materiais custavam 120 reais. Se eu quisesse aprender cortes masculinos e femininos, precisaria ficar três meses no curso. Mas depois de um mês decidi que não queria cortar cabelo de mulheres e peguei meu certificado como barbeiro apto a cortar apenas cabelos de homens. Fiquei muito amigo do dono da escola e continuamos a nos comunicar.

Paralelamente eu era muito próximo do Bill, um amigo de infância que havia feito um curso de barbeiro e queria abrir um salão. Lá fomos nós dois nos aventurar, e compramos o salão do meu primo. Com trezentos reais, compramos o salão inteiro.

Trabalhamos juntos alguns dias. Só que o dono do curso ficou insistindo para que abríssemos uma barbearia juntos, e, como o Bill fazia faculdade e ia embora cedo do salão, eu fiquei com medo de ficar sozinho. Aí encerramos a sociedade, e essa foi minha primeira frustração. Nem sempre que vamos realizar um sonho isso acontece de cara. E eu poderia ter desistido, achando que aquilo não era para mim.

E com o Bill eu não tinha muitas possibilidades. Quando chegava um cliente, logo olhava para nós dois e escolhia ele, por acreditar que ele era mais experiente, por conta da idade. Na época eu cheguei até a pensar em outras coisas. Mas, quando o Luciano veio com a proposta, eu percebi que as coisas poderiam mudar. Ele era um cara exigente que dizia coisas que eu não queria ouvir. Me pedia para varrer os cabelos do chão, ser impecável.

Luciano foi a pessoa que me ensinou a cortar cabelo. Nos primeiros passos da minha jornada, nos tornamos amigos e trabalhamos juntos por seis anos. Com ele aprendi muito sobre atendimento, sobre manter as coisas organizadas e, principalmente, sobre como ser um profissional de verdade. O bom da sociedade com o Luciano é que ele era muito justo. Se ele fizesse uma selagem ou algo no cabelo de uma mulher, dividia o valor comigo, o que não acontecia com o Bill, que tinha uma forma diferente de conduzir a divisão dos lucros. Eu tinha muita consideração pelo Luciano. E a nossa parceria estava indo bem até que um dia as coisas começaram a azedar. E eu percebi que queria sair dali.

Na mesma época, meu irmão Edimar tinha um salão e estava pensando em ir para os Estados Unidos, ele me disse que queria deixar o salão aberto, porque tinha um ponto bom e já estava lá há quinze anos.

— Vem para cá. Você me paga 2 mil por mês, e o restante é seu.

Eu aceitei na hora. E fomos indo muito bem, só que um ano e meio depois ele estava frustrado nos Estados Unidos e decidiu voltar. Quando ele voltou, montou um salão perto daquele primeiro. Como havia ficado quinze anos naquele ponto e estava apenas há um ano e meio fora, logo que o salão abriu, bastou ele ver os clientes na rua e chamá-los para ir lá.

Começamos a discutir, e meu pai interveio. Tivemos uma divergência como irmãos, mas superamos com perdão e reconciliação. Eu propus a ele que virássemos sócios, e assim resolveram-se os conflitos.

Fizemos uma reforma, subimos o preço do corte. Foi justamente nessa época que eu comecei a atender jogadores de futebol. Depois de três anos de sociedade tivemos novas divergências e nos afastamos da parceria nos negócios.

Foi aí que construí o meu primeiro salão sozinho. Aquilo começou a se tornar referência nas redes sociais, no bairro, mas a relação com meu irmão ainda estava abalada. Até que um dia eu passei na barbearia dele e lhe pedi perdão. Era uma mágoa que ainda estava latente, por não ter dado certo a nossa sociedade. Hoje eu percebo que, enquanto não fizemos isso, não prosperamos. Aquilo foi um marco. O perdão abriu nossos caminhos.

Eu costumo falar sobre uma teoria do Tiago Brunet segundo a qual somos como andaimes de obra. Um andaime dentro de uma construção é fundamental, mas chega um momento em que ele tem que ser devolvido, senão atrapalha. Também temos amigos que são assim, temos sócios que são assim. Tudo tem um ciclo. O Luciano e o meu irmão foram fundamentais para mim durante uma fase, mas chegou um determinado momento em que eu estava apto a fazer um voo solo.

9

BRANDING

Quando fundei o Seu Elias, a marca não era o que é hoje. Abrimos e o lugar ficava às moscas. Sem clientes, fiz um panfleto bem bonitinho, informando o preço do corte e oferecendo um desconto caso apresentasse aquele anúncio. Algumas pessoas até pegavam o panfleto, mas jogavam fora sem o menor pudor diante de mim.

Fiquei ali matutando: "Como faço para esse cara pelo menos ler o que está escrito?". Decidi colocar um bombom junto com o anúncio e entregar em restaurantes onde o povo local almoçava, em porta de escolas e em empresas grandes. Eu e os barbeiros começamos a fazer isso: entregar o panfleto com um bombom.

Por gratidão, as pessoas não jogavam fora. E, por mais incrível que possa parecer, aquele pequeno gesto começou a dar resultado. As pessoas apareciam com o panfleto de desconto logo em seguida. Ainda hoje temos clientes dessa época. Mas aí percebi que só o bombom não ia adiantar. Foi quando conheci o Marcus Motta, um cliente que torcia pelo Atlético. Um dia ele postou uma foto com o goleiro Victor. E eu comentei: "O cabelo deu sorte".

Ele viu uma foto minha cortando o cabelo do Victor. Eu não sabia, mas ele tinha uma agência de marketing. Certa vez, enquanto cortava o cabelo comigo, ele comentou que eu precisava de um rebranding no logo, um ajuste na marca, um site e fotos melhores.

Você nem sempre vai ter condições de fazer tudo o que é preciso, mas é necessário saber quais parcerias fazer.

O espaço era realmente lindo. Eu trabalhava de gravatinha e coletinho. Tínhamos ar-condicionado e café expresso. O ambiente era maravilhoso.

— As pessoas precisam conhecer aqui — ele disse.

Mas eu não tinha condição nenhuma de contratar a agência dele, a Quartel Design. Estava superapertado. Um dia ele me convidou para ir à empresa dele. Eram três andares, muitos colaboradores. Fiquei impressionado. Durante a nossa reunião, ele disse:

— O projeto inteiro para fazer sua marca de novo, com site, foto e vídeo para reposicionar você no mercado, ficaria em torno de 8 mil reais.

Na época, era um dinheirão para mim. Por isso respondi:

— Irmão, eu não tenho condição de te pagar.

Ele falou:

— Eu gostei de você. Vamos fazer uma permuta: eu, meu sócio e todos os meus funcionários vamos cortar o cabelo lá com você.

Eu percebi que ele fez isso só para não fazer de graça. Ele também era muito espiritualizado e disse:

— Nós vamos abençoar nosso ciclo de amizade com essa troca.

Eles produziram mais de mil gift cards, e todo dia chegavam de dois a três clientes novos. Além disso, refizeram nosso site, nossa marca nova, nossos vídeos. Tudo isso e ainda levavam centenas de clientes. Até que um dia ele percebeu que era hora de eu crescer mais:

— Você atende jogadores de futebol, pessoas importantes. Precisa de uma assessoria de imprensa.

E foi a partir dali que o jogo mudou. Eu comecei a trabalhar com jogadores importantes e a assessoria de imprensa me colocava em infinitos veículos de mídia. Por isso eu te digo: uma virada de chave pode mudar todo o seu negócio. Você nem sempre vai ter condições de fazer tudo o que é preciso, mas é necessário saber quais parcerias fazer para conseguir resultados melhores.

E naquele momento o branding mudou completamente a minha carreira. Eles reposicionaram a nossa marca de tal forma que são nossa agência até hoje. Foi aí que começou uma nova história.

Costumo dizer que, quando queremos algo, devemos sonhar alto e ir adiante, independentemente das condições externas.

Quando comecei a construir em Alphaville, em São Paulo, começamos a obra com capital de giro, e precisaria de 2 milhões para a obra toda. A construção iniciou, demos entrada num pedido de empréstimo no banco para alavancar, porém só saiu quando a obra já estava pronta.

O dinheiro caiu do céu? Não. Mas continuamos fazendo as coisas e foi dando certo. Um empreendedor nunca está parado.

10

LEGENDÁRIOS

Eu sempre ouvi do meu pai que deveríamos ir à igreja. Aos domingos, íamos de manhã, à tarde e à noite. Não era algo obrigatório, sempre gostei. Meu pai é um homem muito exemplar, com caráter, hombridade, sinceridade e verdade. Ele sempre estava lendo a Bíblia ou ajoelhado orando. Ele sempre foi meu principal exemplo até hoje.

Meu pai viajava demais, mas sempre voltava e estava presente conosco. Minha mãe também sempre foi a mulher que orava e nos levava para o caminho do bem. Fui criado ouvindo que beber é pecado, que falar mentira é pecado. Há muitas coisas que hoje eu sei que fazem parte da religiosidade, mas eu, por exemplo, até hoje não consigo beber.

Em meados de 2025, fui convidado para uma confraria de vinho em São Paulo. Seria um lugar para networking muito bom. E por que eu não fui? Porque eu sei que meu pai me segue no Instagram e vê todos os meus stories. E, por honrá-lo muito, imaginei como ele se sentiria ao me ver num evento como esse.

Eu sabia que ele ia pensar que eu estava desviado de Deus e eu não quero dar desgosto para meu pai, que sempre me criou da melhor forma. Por ter sido criado assim, os valores ficaram muito intrínsecos em mim.

Claro, uma coisa é tomar um vinhozinho, outra coisa é beber sem limites. Mas eu não consigo nem começar. Nem mesmo no

Lá em cima do monte,
muitas coisas acontecem que
nos transformam, e descemos
com um sentimento de lealdade,
de gratidão, de verdade.
Os legendários honram com seus
princípios e valores.

meu casamento servi bebida alcoólica. Nas inaugurações de barbearias, por exemplo, temos champanhe sem álcool. E o Legendários é um lugar que reafirma isso.

Conheci esse grupo através do meu irmão Edimar, que já subiu a montanha mais de 25 vezes. Ele insistia que eu tinha que ir. Mas, mesmo com essa frequência, eu não via nada de diferente nele. Porque ele já era um cara de referência, era bom marido, bom filho, bom empresário. Ele já era tão bom que eu não conseguia ver nada de diferente nele.

Só que aí um amigo meu foi. Era um cara totalmente fora dos caminhos de Deus, vivendo uma vida pesada com drogas e bebidas. Ele foi. E, quando esse cara voltou, o semblante dele era outro, ele mudou completamente.

Então eu fui. E foi um verdadeiro encontro com Deus, lá conhecemos testemunhos que vão te agregando tanto que o fazem voltar muito mais forte, com outra visão de mundo. Seja dentro de casa ou numa empresa. São muitas as chaves que viraram, saberes que não se ensinam, mas se aprendem. Lá em cima do monte, muitas coisas acontecem que nos transformam, e descemos com um sentimento de lealdade, de gratidão, de verdade. Os legendários honram com seus princípios e valores.

Depois disso, eu quis mandar todo o meu ciclo de amigos para a montanha. Porque você quer ver essa transformação nas pessoas. O evento não é místico, mas você tem tanto poder lá em cima, tanta troca, tantos desafios. E todos se abrem. Mas existe um código de ética de que nada que foi compartilhado lá pode ser dito.

As esposas dos legendários fazem encontros on-line enquanto os homens estão na montanha. Por isso, muitos casamentos são restaurados. As dinâmicas são fantásticas, e depois vêm os ensinamentos após as dinâmicas. Aprendemos com coisas simples, que nos fazem repensar a vida e refletir intimamente sobre nossa conduta. Já são quase 90 mil legendários pelo mundo.

11

O CORTE DE 10 MIL REAIS

Eu sempre tive uma dificuldade muito grande de cobrar pelo meu serviço. Achava que não valia o que eu cobrava. E talvez você tenha essa mesma sensação quando vai cobrar pelo seu produto ou serviço. Uma sensação de menos-valia, principalmente quando a gente faz o que gosta. Sim, apesar de atuar como empresário hoje, sempre gostei do meu ofício. Uma vez, quando eu ainda cobrava dez reais por um corte, falei para meu cliente:

— Um dia vou cobrar cem reais.

Ele me desencorajou, dizendo:

— Elias, só não vou estar aqui para te pagar.

Isso aconteceu em 2005. Trabalhei muito, principalmente a mentalidade para, enfim, conseguir cobrar cem reais. Até que, certo dia, um grande amigo de Belo Horizonte, o Bruno Andrade, chegou até mim e perguntou quanto era o corte. Eu respondi:

— Cem reais.

Para minha surpresa, ele disse:

— Eu imaginei que fosse no mínimo uns quinhentos...

Eu ri por fora, mas fiquei feliz por dentro. E respondi:

— Que é isso... ninguém paga quinhentos reais num corte de cabelo...

A resposta dele me encorajou de verdade:

— Elias, tua marca é muito forte, teu nome é muito forte. Vamos lá cortar.

Na vida, às vezes tudo que precisamos é de pessoas que nos coloquem para cima.

Na vida, às vezes tudo que precisamos é de pessoas que nos coloquem para cima, que demonstrem o nosso devido valor. E ele foi uma dessas pessoas. Na hora de pagar, ele disse:

— O primeiro corte de mil reais vai ser hoje, e eu que vou pagar.

A recepcionista pegou a maquininha e ele reforçou:

— Pode colocar aí, mil reais.

Ela hesitou, disse que não podia fazer isso. Ele fez questão. Eu ainda me lembro das mãos dela, trêmulas, digitando o valor e entregando a maquininha a ele para que realizasse o pagamento. Fizemos um vídeo daquele momento e, para minha surpresa, o engajamento foi tamanho que fiquei com clientes por três meses em fila de espera.

O corte de mil reais era o desejo das pessoas. Até que chegou o momento em que eu não via mais vantagem em cobrar mil reais num corte, porque eu passava dias e dias na cadeira cobrando aquele valor. Não era barato, era caro. Mas fora da barbearia eu produzia muito mais. E com a fila repleta de pessoas para cortarem comigo, eu não conseguia ter tempo para focar em outras coisas.

Nesse momento, o empresário deve fazer uma pausa e decidir o que é melhor para o negócio, caso contrário ele vai continuar no operacional para sempre. Depois que decidimos abrir a grande loja em Alphaville, eu pensei: "Por que não volto a cortar? Tantas celebridades cortam comigo".

Pensei em cobrar dez vezes aquele valor. Se era para voltar para a cadeira, teria que valer muito a pena, porque o meu tempo era mais escasso e eu estava tocando outras tantas coisas do meu ecossistema de negócios, conforme você vai ver neste livro.

Antes de começar a divulgar o corte, levei a narrativa para meu Instagram para fomentar a curiosidade das pessoas. E criei uma polêmica, porque muitos disseram que era um absurdo, uma ostentação pagar esse valor num corte de cabelo, que as crianças na África estavam morrendo de fome. Tudo isso sem saberem de todos os meus projetos sociais que fazem uma grande transformação na vida de milhares de pessoas. Como o Projeto Crescer, que ajuda famílias em Moçambique e no Timor Leste.

Eu saí de um corte de
dez reais para um de 10 mil,
e isso é muita coisa.

Ignorei as críticas e postei nas minhas redes que estava sendo criticado. Imediatamente a maioria das pessoas que me seguem começou a incentivar aquilo. Foi então que abri uma caixinha com um formulário onde as pessoas poderiam se inscrever para ter o tal corte. Na mesma hora recebi dez inscritos. Fiquei positivamente surpreso, e os números começaram a crescer. Quando vi, já havia 65 pessoas na fila de espera. Coloquei um especialista em high ticket para efetivar as vendas e entendi que aquele era um serviço especial.

Transformei essa experiência em algo além de um corte de cabelo. É um momento em que temos acesso a uma área exclusiva e fechada da barbearia, onde só ficamos o cliente e eu. Trata-se de uma ocasião em que vamos trocar experiências. É claro que, se a pessoa quiser apenas um corte de cabelo, não vou dar uma palestra. Mas estou aberto a trocar ideias sobre o negócio. É quase uma mentoria na qual não escondo nada e dou insights para quem quiser receber diversas dicas sobre o ecossistema do próprio negócio, seja ele qual for.

Para mim, esses cortes também abriram portas para fazer network, ser convidado para podcasts, entrevistas e validar um produto que me coloca no patamar de barbeiro mais caro do Brasil. Por isso, eu posso falar sobre como elevar o valor do seu serviço. Porque eu saí de um corte de dez reais para, atualmente, um de 10 mil, e isso é muita coisa. Não foram dois ou três anos de experiência. São 25 anos construindo uma marca.

12

O ECOSSISTEMA DE MILHÕES

Hoje tenho um ecossistema de empresas que se retroalimentam. Eu não tenho um açaí ou uma borracharia dentro dos meus negócios, mas apenas empresas que fazem parte daquele ecossistema e podem retroalimentar umas às outras.

A Seu Elias, como você sabe, foi criada lá atrás, e é a porta de abertura para tudo. Mas na barbearia tem que ter café. E o que identificamos que seria interessante para a marca? Abrir um café para o cliente, existe compatibilidade entre uma coisa e a outra. A Seu Café é um estabelecimento que abrimos dentro de uma das maiores lojas da Seu Elias. Nela, temos pão de queijo e um café especial com um toque charmoso. Sendo uma marca minha, um dia ela também pode se tornar uma marca de café de rua que eu posso franquear. E assim as coisas foram se transformando e sendo criadas conforme foram surgindo as necessidades: vimos que muitos clientes traziam os filhos e o ambiente não era adequado para atendê-los. Logo, criamos uma área kids chamada Seu Elias Kids.

Uma coisa importante a ser dita aqui é que não consigo fazer as coisas de qualquer jeito. Para mim, tudo deve ser pensado e organizado da melhor maneira possível. Foi assim com a Seu Elias Kids. Quebramos toda a sala de reunião e colocamos uma área decorada com brinquedos, televisão, videogame, bonecos gigantes e fizemos uma logomarca para o negócio, que explodiu de tanta

G20Club
MASTERMIND

NEXTLEVEL
COLLECTION

CODE X CLUB

VERTICAL CLUB
MASTERMIND

MENTORIA
CO X DE
SEU ELIAS

VERTICAL
EXPERIENCE

BUSINESS PRO
TUTORIA

EDUCATORS
UNIVERSITY

ACADEMY
UNIVERSITY

BUSINESS
UNIVERSITY

VISAGE
UNIVERSITY

BARBER Day ONLINE

Seu Elias

BARBER Day UNIVERSITY

IMERSÃO
BARBEARIA DE MILHÕES

BABOON
BARBER LIFESTYLE

SEU ELIAS experience

Seu Elias KIDS

DE DONO PRA DONO

FRESH COFFEE
SEU CAFÉ
ESTABLISHED 2019

Casais Exponenciais
Crescendo juntos.

ápsee.

BARBER DAY CONFERENCE

linkse
marketing estratégico

Seu Elias
PALESTRAS CORPORATIVAS

OPERAÇÃO
Pente Fino

demanda quando os pais viram que poderiam levar seus filhos para um local onde seriam atendidos com segurança e qualidade.

Quando comecei a perceber que a marca estava forte e existia uma demanda de barbeiros e donos de barbearia sedentos pela informação que eu tinha, não hesitei em compartilhá-la, criando o Code X, uma mentoria para empresários com os códigos do negócio, e em seguida criei uma imersão só para educadores.

O Code X nasceu de uma necessidade que eu percebi das pessoas que precisavam de um acompanhamento depois que faziam nosso curso. Essas pessoas ficam comigo durante alguns meses, pagam um ticket dez vezes maior do que o curso de imersão e têm encontros comigo e acesso ao meu WhatsApp para eventuais dúvidas sobre o negócio. No final, fazemos uma megaexperiência de encerramento e as lembranças ficam eternizadas para os participantes. Porque, depois de entender como expandir seu negócio e sua marca, eu ensino a criar, vender e escalar qualquer tipo de negócio.

Criamos uma imersão para educadores, a Ápice. Ela foi feita com o intuito de ajudar aquele indivíduo que quer dar aulas e aprender como é o método de educação. É ali que formamos educadores. Esse projeto não é voltado apenas para donos de barbearias ou barbeiros, mas para aqueles que querem criar um ecossistema voltado para educação. Ali trabalhamos oratória, ensinamos a criar conteúdo, formatar e até mesmo como fazer um grande evento e atrair pessoas para participar. É um dia inteiro de imersão, em que se aprende a criar um ecossistema dentro do seu próprio negócio.

Nem todos os negócios do meu ecossistema são voltados para profissionais. Porque, conforme eu atendia essas pessoas, via uma demanda reprimida que eu poderia atender: via que os barbeiros eram casados, mas tinham muita dificuldade em empreender com suas esposas. Se por um lado o profissional queria pegar empréstimo, por outro lado a mulher dele não queria. Isso acaba criando um desencontro entre os casais, porque a esposa não apoia esse crescimento. Conversei com a minha esposa, que está comigo desde o primeiro dia das nossas empreitadas e sempre me

Um ecossistema é feito de pequenas e grandes coisas. Mas ele sempre começa com a vontade de ser maior.

ajudou e incentivou a ir para cima no negócio. Pensamos juntos como poderíamos criar um evento para casais empreendedores. E, como temos o Conference, criamos um evento chamado Casais Exponenciais, porque acreditamos que precisávamos levar essa virada de chave.

Nós somos um casal exponencial. Nosso crescimento foi de fato enorme. No evento explicamos a diferença entre um casal normal e um casal exponencial. A primeira edição foi com 360 pessoas e com apenas um mês de divulgação; já a segunda edição explodiu em vendas, com 700 pessoas distribuídas no auditório.

Nesse evento, que acontece à noite, contamos a nossa história, abrimos para perguntas e vemos muitos casais sendo transformados — afirmo isso porque as pessoas relatam que o evento muda a vida e o casamento delas. A maioria do público é de casais de baixa renda que se inspiram com a nossa história — dois jovens que vieram de uma vida simples e cresceram de tal forma que, hoje, podem incentivar as demais pessoas a estarem ali. Faço isso também porque sempre penso em como gostaria de ter visto a história de um barbeiro que não abriu mão da família e de seus princípios para crescer.

Além do Casais Exponenciais, temos em nosso ecossistema um evento que se chama Workshop do Seu Elias. Ele acontece uma vez por mês em todas as capitais do país. Nesse Workshop faço a palestra de manhã e à tarde corto o cabelo em cima do palco, ao vivo. No dia seguinte acontece um encontro VIP, que é o De Dono para Dono, no qual entrego conteúdo de gestão de barbearia, uma espécie de resumo do Code X. As vagas são limitadas a trinta ou quarenta pessoas. E nesse dia só temos donos de barbearia — porque falamos de coisas que interessam mais aos negócios em si do que aos cortes.

Como no final do dia as pessoas ficam com gostinho de quero mais, o passo seguinte é o Business, um treinamento que temos no auditório da Universidade e que acontece durante três dias intensos. O valor, claro, é mais alto. O pitch de vendas para o Business é no evento De Dono para Dono. E ali também abrimos o Barber

Day Conference, que é um evento anual, sem fins lucrativos, com bilheteria 100% revertida para projetos sociais.

Ao longo desses anos foram construídas sete igrejas, quatro escolas e mais de 2 mil crianças foram cuidadas e compradas — isso mesmo, compradas — em Moçambique, onde os pais que não têm condição de cuidar delas as colocam à venda. Se essas crianças não são compradas, elas vão para um prostíbulo. Temos o projeto Crescer, no qual pagamos aos pais por essas crianças e as encaminhamos para orfanatos e as acompanhamos enquanto são tratadas e adotadas. Esse é o maior evento que temos — e é o único do qual não tiramos um único centavo para nós. Você deve estar se perguntando: "Por quê, Elias?". Porque senti um chamado de Deus para fazer isso.

Nesse Barber Day Conference, em que comparecem milhares de pessoas, é onde vendemos a nossa mentoria do Code X. Ainda dentro do nosso ecossistema, temos a gestão lucrativa, uma live que faço no Instagram para fazer pitch de vendas de algum evento próximo. Ali eu entrego um conteúdo legal sobre gestão de barbearia e fazemos um pitch on-line.

Uma das coisas que mais me orgulham é o Barber Day University. Aqui temos uma estrutura física, em São Paulo, com 500 metros quadrados. Me lembro de quando cheguei e aluguei o espaço; eu vi a outra metade do andar e disse para minha esposa:

— Amor, já pensou se esse cara prospera e cresce? Ele sai dali e podemos alugar também esse espaço. Vamos orar para ele prosperar?

E o que aconteceu milagrosamente? Ele saiu. Assumi o aluguel do outro lado do espaço para ficar com o andar todo. De um lado, há um auditório para duzentas pessoas em que fazemos o Vertical Club, que é uma mentoria para empresários que não têm nada a ver com barbearia. Do outro, fazemos o Barber Day.

O Barber Day é dentro da Universidade. Nele, temos quatro cursos principais: o Academy, que são três dias de curso e hoje é nosso carro-chefe de todos os produtos, com um ano de vagas esgotadas, sendo que são 28 alunos por semana. Este é um produto com um ticket alto, custando entre 8 mil e 10 mil reais. E, com todas as vagas preenchidas por todo o ano de 2025, entendi que estamos com uma credibilidade muito boa no mercado.

Ainda dentro da Universidade, temos o Business, que não tem nada a ver com corte de cabelo, e sim com gestão do negócio. O Business acontece num auditório novo, e nele não fazemos nem ensinamos corte de cabelo, mas falamos apenas de gestão.

O outro curso oferecido é o de visagismo, durante o qual treinamos as pessoas a fazerem consultorias e que está em alta no mercado.

E além de tudo isso, ainda temos o Barber Day On-line, no qual oferecemos os cursos por um preço reduzido. Para você ter uma ideia, o aluno paga um plano de assinatura que lhe garante acesso a mais de 160 aulas. Com isso estamos presentes em mais de cem países, com tradução para o inglês e o espanhol.

No Barber Day On-line já tivemos mais de 30 mil alunos recorrentes, e já cheguei a ter 25 funcionários para cuidar de toda a estrutura e entregar uma boa experiência para o cliente.

Ainda dentro do nosso ecossistema de negócios, realizo palestras para grandes empresas e pelas quais cobro um cachê substancial. Já fiz para o Sebrae, Senac, Unimed, entre tantas outras grandes corporações. E sempre que subo ao palco reafirmo a mim mesmo que estou criando algo grandioso que inspira mais pessoas a terem suas vidas transformadas.

Na LinkSe, uma agência de marketing estratégico, eu atendo todas as nossas demandas de todas as empresas que fazem parte desse guarda-chuva, mas, futuramente, sei que é uma agência que poderá funcionar atendendo às demandas de outros empresários do ramo.

O Likes é um curso que consiste num treinamento só para o Instagram. Nas aulas, o profissional aprende como melhorar sua página no Instagram. Temos cases de barbeiros com 10 mil seguidores que começaram do zero.

O Tapa é uma submarca do Seu Elias. E como imaginei essa barbearia? Todo homem quando vai cortar o cabelo diz que vai "dar um tapa" no cabelo. Por isso, criamos uma fachada legal e ali

**Não se apequene no seu negócio.
Você pode muito mais.**

não temos um posicionamento de preço, embora tenha a chancela Seu Elias. É um empreendimento novo para aquele barbeiro que não tem como investir numa franquia do Seu Elias e pode adquirir uma por um valor mais baixo, mas com toda a nossa assistência.

Claro que não posso esquecer de falar sobre a imersão "Barbearia de milhões", que é muito nichada e 100% voltada para donos de barbearia. É ali que fazemos o pitch de vendas para o evento De Dono para Dono, que é onde vendemos a mentoria.

Mas dentro disso tudo tem uma carga de diversão extra que é o Game of Barber. Trata-se de um campeonato de barbearia que criamos dentro do Barber Day Conference. Nele, fazemos uma competição num auditório com 2500 pessoas, com ritmo de UFC. Quem corta melhor e mais rápido ganha. E não ganha qualquer coisa: o prêmio é um carro zero-quilômetro.

Colocamos a música-tema do filme *Missão impossível*, e o clima de festa faz as pessoas irem ao delírio enquanto os participantes, nervosos, temem o júri técnico que irá avaliá-los.

Como eu gosto de criar tendências, também criei o Next Level, que na prática é uma coleção de cortes de cabelos novos que lançamos todos os anos como tendência. A última edição fizemos no topo de um prédio, e levamos para lá os melhores educadores do Barber Day Academy, modelos profissionais e fizemos os cortes que seriam tendência naquele ano. Depois, fotografamos em estúdio a nova coleção.

Para isso dar certo, primeiro pensamos e depois executamos. E a cada ano lançamos uma coleção diferente, desde 2018, quando começamos a revelar as primeiras fotos e espalhar essas imagens pelas barbearias para inspirar os clientes.

No nosso último Conference fizemos um grande evento e contamos como seria a nova sede em São Paulo. Com isso, chamamos a atenção de todo o mercado brasileiro. Fizemos o lançamento do Alphaville e terminamos dizendo para que as pessoas passassem no estande do Barber Day para fazerem suas inscrições. O resultado foi: não cabia toda aquela gente no estande. Esse é o poder de construção de uma marca.

Fizemos grandes lançamentos e um notável posicionamento, mostrando a excelência do trabalho que seria oferecido em Alphaville. A construção de uma marca não começa do nada. Tudo é intencional. A Baboon Cosméticos, da qual já falei aqui anteriormente, é nossa marca de cosméticos que temos em todos os estandes e barbearias. Se você prestar atenção, tudo se retroalimenta.

E, por último, criei um quadro no YouTube em que faço uma operação pente-fino em barbearias previamente inscritas. Eu vou até as barbearias que se inscreveram, e lá vejo tudo que está em desacordo com o meu controle de qualidade: desde lavatório sujo até panos e roupas inadequados, e vou fazendo uma espécie de inspeção no local.

Um ecossistema é feito de pequenas e grandes coisas. Mas ele sempre começa com a vontade de ser maior. Não se apequene no seu negócio. Você pode muito mais.

13

O CASAMENTO EXPONENCIAL

Quando eu e a Liza nos conhecemos, estávamos na adolescência e não imaginávamos nada do que viveríamos hoje. Tínhamos princípios muito parecidos, porque frequentamos a mesma igreja. Nos conhecemos aos quinze anos, e nos casamos aos vinte. Éramos imaturos, mas consideramos os valores que compartilhávamos em relação ao que acreditávamos ser certo.

Nessa época diziam que os opostos se atraem. A Liza nunca teve esse pensamento. Ela achava que o casamento era a perfeita união, pois, se cada um puxasse para um lado diferente, nunca chegaríamos a lugar nenhum. Por isso teríamos que ter pelo menos as mesmas intenções. Assim nascia um alinhamento de valores.

Tínhamos uma noção do que queríamos alcançar. E o princípio de tudo para um casal é este: alinhamento de valores. Porque, por mais que não saibamos aonde o outro quer chegar, sabemos até que ponto estamos aptos a caminhar juntos.

Eu sempre cheguei em casa cheio de ideias e coisas na cabeça. Muitas das vezes ela me fazia aterrissar: "Calma, não é assim". E, na verdade, todo mundo acha que ela me apoia em tudo, mas definitivamente não. Eu acho o maior erro a mulher querer apoiar o homem em tudo — a mulher precisa trazer sua opinião ao invés de apenas concordar.

Acontece com todo casal: um é o Sol e o outro, a Lua. Os dois brilham, porém cada um com uma função.

Se dependesse de mim, eu seria amigo de pessoas que não me acrescentariam nada. Porque eu não enxergo maldade, mas a Liza consegue enxergar as intenções por trás dos abraços. O Senhor fez a mulher com esse instinto de ter uma visão diferente. E parece mesmo que ela tem um "faro para vagabundo".

O que nos faz estarmos juntos até hoje é a maturidade. O que vejo em muitos casais é que eles não enriquecem e não conseguem alcançar o que querem porque disputam entre si. Temos plena convicção do papel que cada um exerce na nossa parceria.

Acontece com todo casal: um é o Sol e o outro, a Lua. Os dois brilham, porém cada um com uma função. No mercado de trabalho eu sou o Sol, em casa ela é o Sol. Profissionalmente falando, ela tem maturidade para reconhecer que eu tenho as ideias e me apoia nisso.

Quando começamos a namorar, eu tinha muitas ambições. Já me casei dizendo que não ficaríamos ali para sempre. Só que no ramo que estou hoje eu não tinha esse pensamento. Eu sabia que eu era bom. Os clientes que se sentavam na minha cadeira sempre voltavam. E a Liza dizia que precisávamos fazer um salão, que deveríamos fazer cursos. Até que atendi o Neymar. E o Neymar me perguntou se eu tinha feito curso no exterior. Naquele dia eu respondi que não, mas cheguei em casa e perguntei à Liza quais cursos ela tinha visto no exterior.

Foi ali que comecei a ter uma abertura para esse lado de especialização. Foi o meu despertar, e a Liza começou a me apoiar. Eu tinha medo até de pensar em abrir novos salões, mas ela ia me apoiando. Decidimos fazer um curso para ensinar outros casais a se apoiarem e prosperarem, o que se tornou o evento Casais Exponenciais. E foi um grande sucesso.

Ali fazemos um bate-papo de como é a nossa relação — e às vezes falamos o óbvio, mas que também precisa ser dito. Mostramos aos casais que a maturidade é o principal pilar de uma relação. Se eu cresci profissionalmente, foi porque, quando eu estava gravando e viajando para ministrar as palestras, ela foi madura o suficiente para não cobrar a minha presença em casa naquele período e entender que era o momento de a empresa crescer.

O principal feedback que temos desse evento é que os casais conseguem enxergar que o alinhamento de expectativas é vital para a relação. É o que muita gente não faz: não sentam e conversam sobre quais são os objetivos de vida. Quando falamos de maturidade, nos referimos a inteligência emocional. Com todo casal que cresceu, ambos foram maduros. Os dois alinharam as expectativas e usaram da maturidade.

Se você for conversar com o Flávio Augusto da Silva, ele vai dizer que a primeira coisa que fez com sua esposa Luciana foi alinhar as expectativas com ela. Eu e a Liza somos assim. Alinhamos sempre a expectativa. Quando nos mudamos para Alphaville, pensamos: "O.k., mas como, quando e por que vamos fazer isso?". Nessa conversa, observamos os prós e os contras de cada situação.

Quando o casal é maduro, não há brigas nem divergências, porque um respeita a opinião do outro sem ser impetuoso. E, quando a mulher não quer ver o homem crescer profissionalmente, é preciso observar: qual é o motivo que a faz não querer isso? Porque sempre tem um motivo.

Vou dar um exemplo: um homem precisa ter palavra. Se ele diz que vai chegar em casa em determinado horário ou se compromete a fazer um combinado, a mulher confiará nele. E essa confiança se dá quando ela existe já nos pequenos pontos.

Quando fizemos a carta para Deus, a primeira coisa que fiz foi dividir isso com a Liza. Porque, para ela, acreditar no sobrenatural é muito fácil. Ela foi criada na igreja e sempre acreditou que Deus fosse capaz de fazer milagres em nossas vidas. Quando pedi a ela que fizéssemos um ato de fé, aquilo foi natural. E, assim, começamos a escrever. Nenhum de nós dois imaginava que tudo sairia exatamente como escrevemos.

No curso, orientamos os casais a escrever essas cartas porque é um momento seguro de alinhar as expectativas. Porque tudo que colocamos ali é de comum acordo. Eu tinha um sonho de a barbearia ser de determinado jeito, por isso colocamos na carta tudo que os dois tinham de expectativa como casal.

Muitos homens me perguntam: "Como fazer minha mulher enxergar a minha visão?". É preciso ser congruente em ações, palavras e atitudes. Ser realmente aquilo que se presta a ser, todos os dias. Assim a sua esposa vai acreditar em você, porque você é quem é. Não há surpresas. Eu sou um cara extremamente certo com as coisas. Muitas vezes vejo homens que tentam fazer a mulher acreditar neles, mas são mentirosos, falam que estão num lugar e estão em outro, fazem coisas que não fariam na frente da esposa. É uma questão de credibilidade conquistada.

Eu sempre tratei a Liza com carinho e amor na frente de outras pessoas e longe delas também. Sempre falei com ela sobre os nossos sonhos. A credibilidade precisa ser conquistada e a verdade deve ser dita. O homem não precisa dar margem para desconfiança.

Outro ponto é que existem casais que acham "difícil" trabalhar juntos. Nós nunca tivemos dificuldade, porque não separamos a vida pessoal da vida profissional. Falamos sobre a barbearia no café da manhã, no carro, no jantar, na frente das nossas filhas. O tempo todo. Porque gostamos do que fazemos. Vira e mexe surge o assunto "barbearia" durante almoços de domingo — e às vezes surgem insights até mesmo nesses momentos.

O trabalho faz parte da nossa vida, e eu amo que a Liza trabalhe comigo, embora ela não vá mais ao escritório. Quando você tem confiança e congruência, a aliança dá certo entre o casal. A gente realmente gosta de fazer as coisas juntos. E aí chegamos mais uma vez à questão da inteligência emocional. Porque temos que ter o nosso tempo juntos, mas cada um também tem seu tempo com os amigos, e respeitamos a individualidade de cada um.

Foi a Liza quem me deu a ideia, pela primeira vez, de levar nossas filhas para jantar fora. Porque ela se lembrava de quando era criança e seu pai a levou ao dentista, de ônibus. Ela se lembra com exatidão daquele momento. Foi uma experiência marcante para ela. O ônibus estava cheio. Ele então se levantou para uma senhora se sentar e a Liza quis se levantar. Ele disse: "Minha filha, fique sentada". Ele a tratou como meu pai tratava minha mãe.

A credibilidade precisa ser conquistada e a verdade deve ser dita. O homem não precisa dar margem para desconfiança.

Eu sempre achei legal o relacionamento deles. Uma vez ela viu um vídeo de um pai norte-americano levando a filha para jantar no jardim de casa. Ela me mostrou, e eu quis fazer aquilo ser ainda mais especial. Marquei o encontro, comprei flores, levei para um jantar à luz de velas, as meninas ficaram encantadas.

Quando postei, havia mais de três milhões de visualizações. Isso demonstra o quanto estamos carentes dessa relação pai e filha, porque as pessoas compartilharam em massa e o vídeo viralizou. Aquilo se tornou uma experiência especial com as minhas filhas. Cada vez levo uma — para que a experiência seja única.

Além disso, também fazemos isso juntos. Temos a nossa noite, e as meninas entendem isso. O que acontece é que, com determinados casais, os dois são o Sol. Eles competem entre si. Ganham muito dinheiro, mas abandonam os filhos com as babás o dia todo e não se doam para a família. São dois sóis tentando brilhar o dia inteiro.

Na maioria das vezes, o relacionamento é desafiador. As pessoas precisam entender isso. Porque muitas vezes os jeitos são diferentes, mas, quando existe alinhamento e comunicação, o casamento prospera. Eu e a Liza temos conversas que chamamos de "ambiente seguro". Naquele momento estamos em um ambiente onde um não julga o outro. Um diz o que sente e o outro replica. E vemos o que desagrada ao outro, assim chegamos a conclusões de como alinhar as expectativas. Os dois podem abrir mão de certas coisas para não deixar o copo transbordar.

Eclesiastes 4:12 diz o seguinte: "O cordão de três dobras não se quebra tão depressa". O conceito de cordão de três dobras no casamento tem um significado simbólico profundo — marido, mulher e Deus —, e ele não arrebenta. O cordão de três dobras não se rompe com facilidade porque um casamento fortalecido por Ele é mais resistente e duradouro. Simbolicamente o cordão de três dobras traz força para superar os desafios. O casamento, quando não tem Deus para fortalecer, não consegue ir adiante. Acreditamos nessa verdade.

Também existe uma regra em nossa relação segundo a qual não levamos ninguém para a nossa casa. Nosso lar é nosso espaço sagrado. Muitas pessoas confundem networking com amizade e fazem eventos na própria casa em vez de conservar aquele espaço. Porque não conhecemos o coração de ninguém, não sabemos o que aquela pessoa pensa sobre nós e sobre nosso casamento. Existe um lugar para cada ocasião. E devemos blindar nossa casa e nosso relacionamento. Precisamos vigiar, e isso é vigilância. Podemos errar pelo excesso, mas por negligência, não.

Para finalizar, uma das coisas mais importantes que falamos dentro dos nossos treinamentos é sobre o ciclo insano. A Bíblia não diz que a mulher tem que amar o marido — o texto sagrado ensina que precisa respeitá-lo, mas diz também que a mulher deve respeitar o marido e que o marido deve amar a esposa como Cristo amou a Igreja. Isso é dar a vida por ela. O homem tem necessidade de ser amado? Sim. E ele será amado como consequência das coisas que ele faz. Mas, quando você não cumpre esse princípio bíblico, não existe amor nem respeito. E fica sem amor e sem respeito um pelo outro. Meus pais têm 56 anos de casamento, e nunca vi desrespeito. O que os sustenta? Amor e respeito. Sem essas duas coisas no relacionamento, tudo acaba.

14

DEZ MIL PÉS

Sempre dou uma aula sobre gestão de carreira, e a primeira coisa que faço é entender o momento de cada um. Tem gente que está no topo, tem gente que está pensando em desanimar, enquanto outros estão estagnados.

Mas, quando chegamos ao ponto de desanimar, eu falo sobre a minha própria experiência. Sim, eu já desanimei em vários momentos da minha vida. E durante o início da carreira de empreendedor, principalmente quando ele está descobrindo o caminho das pedras, ele pensa que está fazendo errado, que não está dando certo porque ele é incompetente. Às vezes o psicológico atrapalha muito.

Se você que está lendo este livro agora está pensando em desanimar, não desanime. Porque sempre, dos pequenos aos grandes empreendedores, haverá dias que não são legais, dias em que não acertamos, dias que não queremos ir trabalhar, mas temos que ir mesmo assim. Haverá dias em que você vai acordar e não estará bem de saúde. E, se você não entender isso, você pode achar que é o culpado ou não é bom o suficiente. Às vezes você é uma pessoa boa, mas ainda não aconteceu o certo, porque as coisas têm o tempo certo de acontecer.

A nossa vida é feita de fases. Eu tenho andado de avião praticamente toda semana e nos últimos dias em especial eu fiz um voo particular. Eu estava sentado na sala VIP, observando o piloto no

Antes de decolarmos, crescermos e subirmos na vida, o primeiro passo é ficar parado, só estudando o caminho a ser percorrido.

avião, com seu fone e conversando com a torre de controle. Comecei a pensar: "Para todos nós, antes de decolarmos, crescermos e subirmos na vida, o primeiro passo é ficar parado, só estudando o caminho a ser percorrido".

A vida é assim, com muitas fases. E qual foi a segunda fase desse piloto? Não foi decolar. Foi taxiar a aeronave dentro do aeroporto. E qual a terceira fase? Ir para a pista de decolagem e esperar o momento certo. E depois disso? Pisar fundo. E, depois da decolagem, vem a fase em que o avião consome mais combustível. Ou seja: quem está decolando, trabalhando feito um louco, tem que acelerar fundo — ou seja: precisa trabalhar, ficar finais de semana fora, abdicar de muitas coisas para chegar lá no topo.

E quando ele chega a 10 mil pés, que é uma altura boa, embora outros aviões voem a 40 mil pés, o avião já está numa altura confortável. E o que ele não pode fazer nesse momento: levantar o nariz e parar de acelerar. Se levantar o nariz, ele cai. Em resumo, nesse percurso tem dias em que você não vai estar bem, mas tem que fazer o que está disposto e continuar fazendo, senão você não decola.

Algumas pessoas adoecem por comparar a vida de quem está lá em cima com a de quem está aqui embaixo. Tem pessoas que precisam ficar igual ao piloto: apenas parar e ficar traçando o caminho que você vai percorrer, traçando a história que irá trilhar para quando chegar lá em cima, não ficar perdido.

Você precisa entender se você tem crédito, se tem nome para conseguir crédito, olhar seu score bancário, isso é o básico. Olhar o aplicativo do Serasa e entender o score. Como conseguir o score bancário? Se você aumentar o seu score, você consegue crédito. Onde você consegue crédito? Com quem? Você pode abrir com um sócio, com um investidor ou sozinho. É preciso entender que a coisa mais importante para o empreendedor é o crédito.

Os pilares de um negócio de sucesso: a primeira coisa é saber como o negócio vai se chamar. Qual desejo você vai gerar desde o início do projeto? Qual o posicionamento dessa marca? Preço, custo-benefício ou valor? Você quer competir por preço? Ao definir o posicionamento da marca, vá para a identidade visual baseada no seu posicionamento. Logo em seguida, para o projeto arquitetônico. Na sequência, defina qual vai ser o endereço, baseado no posicionamento.

Com tudo escolhido, você tem que entender como vai treinar a sua equipe, como vai fazer com os aspectos jurídicos, a parte contábil de gestão financeira, a precificação financeira. Baseado em tudo isso, defina o preço do seu serviço. Quais estratégias você vai usar para lançar isso no negócio? Em paralelo, você tem um posicionamento firme na empresa, mas trai a confiança de sua mulher. Isso não vai dar certo. Você não vai prosperar. Esta é uma falha humana que faz a sua aeronave cair.

Se você é uma pessoa que faz tudo certo, mas é rancoroso e guarda mágoas, não adianta nada. Porque você precisa liberar perdão, que é como o peso que não deixa o avião subir. Quando você libera perdão, muitas coisas começam a fluir. Depois de tudo isso, você coloca em prática e pode subir. Mas antes esse caminho deve estar traçado, tal qual o piloto faz antes de decolar. Por isso não podemos comparar as histórias de um com as do outro. Porque, quando estamos aprendendo, em algum momento, precisamos ficar parados para traçar nosso rumo.

Quando eu falo em taxiar, eu me refiro a limpar seu nome, pegar linhas de crédito, ir ao banco. Você não vai fazer nada ainda, mas vai estar agindo, procurando um bom ponto para começar o negócio, por exemplo. Se você está com tudo pronto, com o nome limpo e tudo certo, você espera o tempo certo. E no tempo certo você irá saber. A criança sabe o tempo certo de sair da barriga da mãe. E, quando as coisas começarem, você precisa acelerar.

Eu vejo pessoas em fase de decolagem o tempo todo. Essa metáfora é para que *você* entenda em que fase você está. Eu estou nessa fase de 10 mil pés. Já passei por todos esses obstáculos iniciais. Mas, para subir mais ainda, eu preciso me manter com o pé no chão, preciso saber que dias maus vêm, assim como turbulências. Mas eles passam.

Existem pessoas na pista de decolagem, mas têm um plano de voo malfeito. Você já viu quando um avião vai com tudo e percebe que não pode decolar? Ele para e volta para a base. Retrocede e estuda novamente para entender que as coisas precisam ser revistas. Os dias maus vêm. E você precisa saber que, como diz a Bíblia, o choro pode durar uma noite, mas a alegria vem pela manhã.

Eu acredito que é muito importante não levantar o nariz. Não é porque você está a 10 mil pés que pode se achar melhor do que os outros. Você pode ter chegado num patamar alto, exatamente onde queria estar, mas precisa manter suas raízes, suas bases, seus valores, seus princípios. Manter o que acredita como valores éticos e profissionais, e também instituições como o casamento.

Quando você está no céu, você é visto; quando você decola, os assédios podem vir. E quando digo assédios, são os assédios de fazer coisas inadequadas. Há muitas pessoas que caem em armadilhas e se tornam presas fáceis nesse momento. Por exemplo: já ouvi me dizerem que se eu fizesse determinada manobra iria ganhar muito mais grana. Só que essa manobra está dentro da lei? No caso, não é uma manobra — é um novo modelo do seu negócio. Mas se é um caminho fácil que não está dentro da lei, eu não quero. Prefiro uma margem menor, para ganhar para a vida toda.

Se você atinge um faturamento alto, isso pode acontecer com frequência: esse tipo de assédio se inicia. O avião dificilmente cai por falha mecânica: ele cai por falha humana. Uma empresa dificilmente cai por falha mecânica: ela cai por falha humana também. Mas vamos falhar assim mesmo. Se estamos a 10 mil pés e queremos chegar a 40 mil, o que devemos fazer?

Outro dia fiz um voo particular, e um dos pilotos é meu amigo. Ele disse:

— Elias, senta aqui — e fiquei ao seu lado. Eu me sentei ao lado dele e ele continuou — Estamos a 12 mil pés e vamos subir a 36 mil pés.

Só que não se sobe direto. Sobe um pouco, depois mais um pouco. E o que ele fez para subir? Ele conferiu tudo antes.

Isso vale para você também. Por exemplo: para que uma empresa vá para o próximo passo é preciso conferir todo o sistema tributário, toda a parte jurídica, toda a cultura da marca. E, após

A Bíblia diz que
"aquele que está de pé,
cuide-se para que não caia".

conferir tudo, puxa-se o manche e se levanta. Mas se levanta a uma altura certa. Você sabe o que faz o piloto não perder o rumo e a rota? Ele sempre deve ficar atento à torre de controle. E, para mim, a torre de controle é Deus. Quando você está embaixo, a torre de controle são os seus tutores, os seus mentores. Aquele piloto ficava falando o tempo inteiro com a torre. Estava sempre ligado à torre.

Outro dia fui almoçar com o Flávio Augusto da Silva, que, para mim, é um mentor de negócios. Foi fantástico, porque eu o admiro desde 2012, quando ainda estava começando. Estar na mesma mesa que ele, um homem que estava validando meu trabalho, dizendo que eu estava no caminho certo, foi incrível. E ele é um dos maiores do Brasil hoje. E o que mais admiro não é o que ele conquistou, mas sim a maneira como ele vive a vida em família e preserva seus valores, mesmo estando no auge.

A Bíblia diz que "aquele que está de pé, cuide-se para que não caia". Ou seja, se você pensa que está em pé, deve redobrar seus cuidados para se manter firme. Volto à analogia do voo. O piloto tem que estar ligado o tempo todo, em tudo que está acontecendo. Na nossa vida é o mesmo. Temos que estar atentos aos sinais.

DE VOLTA À ESSÊNCIA

Tudo começou com um menino de treze anos, uma tesoura nas mãos e uma fome: não só de comida, mas de propósito. Aquele menino, que ouvia o barulho das tesouras como música e via no corte de cabelo uma arte, talvez não soubesse, mas já estava vivendo o início de uma missão. Era pequeno no mundo, mas imenso na vontade. E foi exatamente essa vontade que o trouxe até aqui.

Hoje, quando olho para tudo o que construímos — uma rede, uma marca, uma família, um legado —, é impossível não voltar ao início. Àquele chão varrido com cuidado. Às mãos trêmulas no primeiro corte. Ao papel dobrado com sonhos escritos à mão. Tudo parecia impossível... até acontecer. E aconteceu.

Mas nada disso foi obra do acaso. Foi fé. Foi persistência. Foi não desistir nos dias em que tudo parecia desabar. Foi continuar mesmo com medo. Foi abraçar a dor, transformar a queda em impulso, a crise em força e a lágrima em combustível. Foi sobre seguir mesmo sem ver, acreditando que algo maior estava sendo construído.

Nada teria sido possível sem o apoio da mulher que sonhou ao meu lado. Que acreditou junto comigo, que me ajudou a ver o que eu não enxergava. E é por isso que vivemos hoje um sonho que vai muito além do que imaginamos. Porque não foi um sonho egoísta, foi um sonho compartilhado, sustentado por valores, propósito e pela vontade genuína de fazer outras pessoas crescerem também.

Descobri que, quando decidimos viver com propósito e quando entendemos que o sucesso está ligado à transformação que você gera no outro, o universo se alinha. Deus opera. As portas se abrem. E tudo o que antes parecia distante começa a fazer sentido. O segredo? Nunca foi a técnica. Nunca foi o dinheiro. Nunca foi o networking. Foi o coração. Foi a essência. Foi ser quem eu sempre fui, sem jamais esquecer de onde vim.

Por isso, se você está lendo essas linhas e ainda sente que está no começo da sua jornada, lembre-se: o menino de treze anos não sabia aonde chegaria. Mas ele acreditou. Ele seguiu. E ele venceu. Acredite: você também irá, permaneça firme. Construa com fé. Trabalhe com propósito. Sirva ao próximo. Respeite seus valores. Porque uma hora, no tempo certo, as coisas começam a acontecer. E, quando acontecerem, você vai entender: tudo valeu a pena.

O que te trouxe até aqui foi a sua essência. É ela que vai te levar ainda mais longe.

2

COMO SE TORNAR UM EMPREENDEDOR

(o bê-á-bá dos bastidores de um negócio)

Se na primeira parte deste livro eu compartilhei minha trajetória até aqui, com os marcos mais emocionais e pessoais que me transformaram como ser humano e empreendedor, nesta segunda parte, o foco será outro. Vou revelar o que quase ninguém vê: os bastidores.

Aqui, deixo de lado as cifras e os cortes perfeitos para mostrar a parte invisível do empreendedorismo: o que dói, o que ensina, o que transforma. São pensamentos, experiências, reflexões e princípios que me guiaram e que podem ajudar você a não apenas crescer no seu negócio, mas se manter inteiro durante o processo.

Esta parte não segue uma fórmula linear. É um espaço em que compartilho aprendizados profundos. Não são ideias soltas. São pontos de conexão entre o que vivemos, o que acreditamos e o que realmente importa. Porque o verdadeiro sucesso não está apenas na vitrine. Ele é construído no silêncio, sustentado por propósito e guiado por valores. Siga em frente com o coração aberto.

Aqui, reuni aprendizados adquiridos no campo de batalha; e não em salas de aula ou livros de negócios. São situações que vivi, decisões difíceis que precisei tomar, erros que custaram caro e ajustes que mudaram o rumo da minha empresa. Tudo com um único objetivo: mostrar que empreender vai muito além de abrir um CNPJ e sonhar grande.

Falo sobre o que ninguém ensina: reconstruir um modelo de negócio, enfrentar quedas de faturamento, adaptar-se ao comportamento do consumidor, criar uma cultura de valores e manter a sanidade mental enquanto tudo parece estar desmoronando. Compartilho bastidores da construção de uma marca sólida e as estratégias que funcionaram — ou não — ao longo da caminhada.

Não é um manual. É um registro real de tudo que vivi e que pode te ajudar a evitar erros, pensar de forma mais estratégica e se preparar para os desafios inevitáveis da jornada empreendedora. Se você está disposto a encarar a realidade do mercado com maturidade, propósito e consistência, esta parte do livro é para você.

Repare na palavra "empreendedor". Ela carrega consigo um aviso implícito: dor. Quem está disposto a empreender tem que entender que em algum momento vai doer. O que os empreendedores de sucesso carregam consigo é a coragem intrínseca. Eles vão lá e fazem. Reúnem forças de todos os cantos para superar os inúmeros desafios que surgem pelo caminho.

Para crescer, o empreendedor precisa de pessoas ao seu lado, e isso significa que empreender é acima de tudo um exercício de liderança. O primeiro passo é liderar pelo exemplo, não apenas dando ordens, mas fazendo primeiro.

Antes dos recursos, vem o propósito. Eu costumo dizer que, depois de pensar e visualizar seu negócio, você dá um salto de fé em busca de recursos para fazer isso acontecer. Empreender é um desafio para a vida toda, é uma escolha diária. Definitivamente, não é para todos. Será que é para você? Aqui estão algumas características que diferenciam os empreendedores:

DOIDO

Se você for esperar o cenário perfeito para investir, com dinheiro sobrando, pode ser que talvez esse dia nunca chegue. Ser "doido" não significa jogar tudo para o alto, mas sim fazer um estudo de mercado para ousar fazer escolhas de alto risco.

OUSADO

Se você continuar fazendo sempre o mesmo, colherá sempre os mesmos resultados. Se quiser faturar mais, vai precisar fazer diferente.

VISIONÁRIO

Ser aquele tipo de pessoa que consegue enxergar algo antes de acontecer. É olhar para as oportunidades e identificá-las antes dos demais.

CORAJOSO

Assumir riscos é um ato de coragem. Analise os riscos previamente, avalie os prós e contras de forma criteriosa e ultrapasse seus limites de forma profissional e ética.

PERSEVERANTE

Persistência é manter a atitude de crescimento mesmo diante de falhas que surgem no caminho. Quando algo der errado, ser persistente é ajustar a rota, buscar o que pode ser melhorado e ir em frente, até que se obtenha êxito.

Quando eu decidi sair de uma barbearia de 27 m^2 e expandir para uma de 200 m^2, a fila de espera dos meus clientes era sempre longa, o que indicava que havia demanda. No entanto, eu não tinha dinheiro sobrando no caixa. Fiz empréstimos e investi mais de 500 mil reais na nova unidade. Tive visão e coragem, ainda que não tivesse recursos.

A minha pergunta a você que quer se tornar um empreendedor é a seguinte: imagine que você enfrente uma série de obstáculos ao longo do caminho, desde dificuldades financeiras até desafios na contratação e na retenção de talentos. Como você aplicaria sua perseverança e coragem empreendedora para superar esses obstáculos e continuar progredindo seu negócio?

LIDERANÇA

Ser líder é uma missão das grandes. Se você parar para pensar, vai perceber que existem um propósito e uma missão. Você precisa que seus liderados acreditem e trabalhem a favor desse objetivo. Não é nada fácil fazer as outras pessoas embarcarem no nosso sonho. Mesmo com uma boa remuneração, as pessoas precisam de motivação, valorização e liberdade. Se você apenas cobrar resultados e der ordens, criando um ambiente opressor, jamais terá aliados ao seu lado. Liderança é sobre orientar, pegar na mão e dizer: "Vamos juntos".

O PAPEL DO LÍDER

Ao contrário do que muitos podem pensar, ser líder não é o mesmo que ser chefe. O verdadeiro papel de um líder não é dar ordens e mandar. Ser líder é assumir uma responsabilidade maior, que envolve orientar, inspirar e desenvolver a equipe. É criar um ambiente colaborativo, motivador e que estimule o potencial de cada membro da equipe.

A principal habilidade de um líder é desenvolver pessoas, mesmo aquelas que não têm experiência prévia e que possam estar começando do zero. Essa capacidade de liderança é definida pela habilidade de levar seus colaboradores do ponto A e desenvolvê-los até o ponto B.

Isso pode incluir o aprimoramento de habilidades técnicas, assimilação de cultura organizacional, melhoria no atendimento ao cliente, aumento das vendas ou alcance de outros padrões estabelecidos pela empresa. Para isso é crucial investir em treinamento e desenvolvimento constantes.

LIDERAR PELO EXEMPLO

Liderar é muito diferente de mandar. Isso não pode ser feito de maneira impositiva e autoritária. Antes de pedir para que seus colaboradores façam algo, você precisa ser o exemplo. Ao liderar pelo exemplo dado, você reflete comprometimento e incentiva seus colaboradores a seguirem suas orientações.

DELEGAR E CONFIAR

Como líder, você terá que aprender a delegar responsabilidades dentro do seu negócio. Do contrário, nada funcionará sem você, resultando em excesso de trabalho, baixa qualidade de vida e pouco tempo para pensar em estratégias de crescimento.

Portanto, esqueça a ideia de que ninguém faz algo tão bem quanto você. Aprenda a delegar. Sozinho, você não chegará longe. E, acima de tudo, aprenda a confiar. Mesmo correndo o risco de se decepcionar, é somente na prática que você vai descobrir quem merece seguir com você e quem não deve.

SABER OUVIR

A habilidade de ouvir atentamente as pessoas que trabalham com você é de extrema importância. Mesmo com uma rotina agitada, reserve um tempo para ouvir o que seus colaboradores têm a dizer e busque resolver as questões apresentadas por eles.

ENXERGAR O OUTRO LADO

É essencial se colocar no lugar do outro. Seja como proprietário de um negócio ou colaborador. Tente entender as perspectivas e desafios que cada um enfrenta. Como proprietário, coloque-se na posição de seus colaboradores para compreender suas necessidades e dificuldades. Isso o ajudará a tomar decisões mais justas e criar um ambiente de trabalho favorável.

Entenda que as pessoas não são máquinas e possuem necessidades físicas e emocionais que precisam ser atendidas. Na minha barbearia, os barbeiros iniciam o dia desfrutando de um café da manhã disponível na copa e têm à disposição mesa, geladeira, ar-condicionado, televisão, café, pão, manteiga e leite.

Além disso, todos têm a liberdade de tirar férias com datas flexíveis e folgas semanais que são respeitadas independentemente do movimento da barbearia. A equipe também conta com atendimento psicológico gratuito, em uma clínica parceira, para que possa cuidar do seu bem-estar emocional e mental.

IDEIAS PARA O DIA A DIA

Crie um mural de reconhecimento para destacar os melhores resultados.

Implemente um programa de "colaborador do mês" com pequenas premiações.

Realize sessões de feedbacks individuais para ouvir as necessidades dos colaboradores.

Elogie seus colaboradores na frente dos clientes.

Organize um dia de passeio ou café em grupo para fortalecer os vínculos entre a equipe.

CULTURA

Você sabe qual é a cultura do seu negócio? A cultura organizacional é um elemento fundamental para o sucesso de qualquer empresa. Ela engloba os valores, a visão e as práticas que definem a forma como o negócio atua e se relaciona com clientes e colaboradores.

Mesmo que você não tenha parado para pensar nisso, a cultura da sua empresa já existe. Ela é construída através de suas ações e comportamentos que você e sua equipe adotam no dia a dia. É importante refletir sobre como o seu negócio atua, como os colaboradores se comportam em relação aos clientes e qual a visão que vocês têm para o negócio.

Muitas vezes, quando começamos um empreendimento, contratamos pessoas sem estabelecer claramente a cultura da empresa. Isso pode resultar em uma mistura de diferentes percepções sobre o que é certo ou errado, sem uma direção clara. É necessário corrigir essa situação e estabelecer um padrão de cultura dentro de sua empresa.

A cultura não deve ser baseada apenas nas preferências individuais de cada membro da equipe. Ou seja: não se trata apenas do jeito como você ou outra pessoa preferem fazer algo, mas sim de um conjunto de diretrizes que todos devem seguir, independentemente de quem esteja executando determinada tarefa.

Investir na definição e na disseminação da cultura organizacional é essencial para garantir a consistência e a qualidade dos serviços oferecidos. Uma cultura bem estabelecida irá orientar as ações dos colaboradores, proporcionar uma experiência coerente com os clientes e fortalecer a identidade do seu negócio no mercado.

COMO MONTAR A CULTURA DENTRO DA EMPRESA

1 – Avalie a cultura existente

Compreenda a cultura atual da sua empresa identificando os seus valores, crenças e práticas atuais. Identifique os aspectos da cultura atual que PRECISAM ser modificados para alinhá-la melhor aos objetivos da empresa.

2 – Defina a cultura desejada

Estabeleça uma visão clara da cultura que você deseja criar na sua empresa. Defina os valores, comportamentos e práticas que serão fundamentais para a nova cultura desejada.

3 – Apresente aos colaboradores

Comunique de forma clara e consistente a nova visão e os valores para todos os membros da organização. Explique por que a mudança é necessária e como ela contribuirá para o sucesso da empresa.

4 – Promova o exemplo de liderança

Líderes devem dar o exemplo e ser os primeiros a adotar a nova cultura. Ensine diariamente a nova forma de fazer, demonstrando comportamentos e atitudes esperados dos membros da equipe.

5 – Ofereça suporte aos colaboradores

Se necessário e possível, forneça treinamento e desenvolvimento para capacitar os colaboradores a adotar a nova cultura. Ofereça recursos e apoio para ajudá-los a se ajustar às mudanças e desenvolver as habilidades necessárias.

6 – Incentive a participação e o feedback

Ofereça feedback sobre o progresso da mudança e ouça as opiniões dos membros da equipe.

7 – Reforce a nova cultura

Reconheça e recompense os comportamentos que estão alinhados com a nova cultura. Esteja atento para corrigir desvios e garantir que a nova cultura seja mantida e reforçada continuamente.

8 – Monitore e ajuste

Avalie regularmente o progresso da mudança cultural e faça ajustes quando necessário. Esteja aberto a adaptar a cultura conforme a empresa evolui e novos desafios surgem. Lembre-se: a mudança cultural é um processo contínuo e pode levar tempo. Paciência, constância e comprometimento são essenciais para obter sucesso nesse processo.

O QUE FAZER QUANDO ALGUÉM NÃO QUER SE ADAPTAR À NOVA CULTURA?

Quando falamos em cultura organizacional, é importante lembrar que nem sempre é fácil colocar em prática aquilo que foi estabelecido. Muitas vezes as pessoas parecem se esquecer das diretrizes e dos valores definidos. Como líder, é fundamental estar presente, relembrando e reafirmando constantemente esses princípios. Mesmo que você tenha dito uma, duas, três, quatro ou cinco vezes, algumas pessoas podem resistir em mudar seu comportamento, simplesmente porque não querem.

Nesse momento, cabem uma comunicação clara e franca e um alinhamento entre as expectativas da empresa e as características individuais dos colaboradores. É importante comunicar que não se trata de estar certo ou errado, mas sim de encontrar o perfil de pessoa que se encaixa na nova cultura da empresa.

Seu negócio precisa de colaboradores que estejam dispostos a seguir as diretrizes estabelecidas e a tentar aquilo que está sendo ensinado. Portanto, caso alguém não queira seguir esses princípios, isso faz parte. Mas é necessário deixar claro que essa pessoa não se encaixa no perfil desejado para a equipe e que ela deve ser afastada. Ao promover essa comunicação aberta e transparente, você fortalecerá a cultura organizacional e construirá uma equipe coesa, comprometida e alinhada com os objetivos do seu negócio.

CULTURA × ESTRATÉGIA

> "A cultura come a estratégia no café da manhã."
> PETER DRUCKER

A frase anterior, de Peter Drucker, indica que não adianta ter uma estratégia brilhante se ela não estiver alinhada à cultura de sua empresa. Imagine a seguinte situação dentro de uma barbearia: o proprietário estabeleceu uma estratégia para aumentar o faturamento, visando atender os clientes de forma mais rápida. No entanto, em sua cultura organizacional, ele treinou os colaboradores sobre a importância do atendimento, da fidelização e da comunicação com os clientes.

O QUE VOCÊ ACHA QUE ACONTECEU?

Os colaboradores, bem treinados quanto à cultura da empresa, investiram um tempo extra em cada cliente para proporcionar um atendimento personalizado, resultando em um aumento da satisfação dos clientes, mas também numa diminuição da capacidade de atendimento.

Dessa forma, a estratégia do líder para aumentar o faturamento falha. Afinal, a estratégia que ele tinha para aumentar o faturamento estava na contramão da cultura. E, mesmo que a equipe se esforce para atender rapidamente o maior número possível de clientes, isso certamente acabaria sacrificando a qualidade do atendimento e a satisfação de seu público. Muitos deles com certeza nem voltariam.

Nesse caso, é necessário fazer a si mesmo a seguinte pergunta: "Como consigo aumentar esse faturamento agindo de acordo com a minha cultura?". Uma estratégia pode ser, por exemplo, aumentar o ticket médio gasto pelos clientes já existentes, em vez de atender mais rápido para servir a mais clientes. Podem ser oferecidos serviços adicionais, como barba, hidratação, produtos e sobrancelhas, agregando valor ao serviço prestado e aumentando o ticket médio e o faturamento.

No entanto, vale reforçar: mesmo que você queira que o cliente gaste mais dentro do seu negócio, só venda um produto que se aplique, de verdade, às necessidades dele. Nunca venda uma mentira. Perca a venda, mas não perca o cliente. Como líderes, devemos proteger e valorizar a cultura, ficando atentos a qualquer comportamento que vá contra ela. Desvios e erros técnicos acontecem, mas desvios culturais são mais sérios e demandam atenção redobrada, pois afetam sua empresa em seu cerne.

RESULTADO × CULTURA BONS RESULTADOS E ALINHAMENTO COM A CULTURA DA EMPRESA

Esse é o objetivo final: colaboradores que são excelentes profissionais, que têm boa produtividade e estão totalmente integrados com os propósitos e valores do negócio. É hora de pensar num plano de evolução para esse profissional.

BOM ALINHAMENTO COM A CULTURA, MAS PODE MELHORAR OS RESULTADOS. OU BONS RESULTADOS, MAS PODE MELHORAR O ALINHAMENTO COM A CULTURA

Faz parte do crescimento profissional de qualquer colaborador. No primeiro caso, muitas vezes, um pouco de orientação e treinamento são suficientes para melhorar a produtividade. Já no segundo caso, reforçar os treinamentos de POP e sessões de feedback pode ajudar a conectar o profissional com a cultura da empresa.

PRECISA MELHORAR OS RESULTADOS E O ALINHAMENTO COM A CULTURA

Profissionais que estão nesse quadrante chegaram a um momento decisivo. No geral, existem dois caminhos possíveis. O primeiro é um plano de recuperação para que o colaborador possa crescer e evoluir tanto em produtividade quanto em cultura. A outra alternativa é o desligamento do colaborador devido aos desalinhamentos.

EQUIPE

Quando o assunto é a formação de equipe, a pergunta inicial é: por que contratar? Muitas vezes a resposta é a demanda — quando há muitos clientes e é preciso expandir o time. No entanto, ao contratar dois ou três profissionais para formar uma equipe, por exemplo, é importante considerar a diversidade dos profissionais.

Ou seja: busque ter profissionais diferentes para atender diferentes tipos de clientes.

Alguns podem ser mais rápidos, enquanto outros preferem trabalhar com mais calma. Se possível, um pode ser da região Sul, outro do Nordeste. Isso irá trazer diversidade ao atendimento e cada cliente terá suas preferências individuais.

CONTRATAÇÃO

A contratação de novos colaboradores tem um papel fundamental na formação e manutenção da cultura de uma empresa. Por isso, encontrar os profissionais certos, que se alinhem aos valores e objetivos do seu negócio, é importante para criar um ambiente mais colaborativo e produtivo. Mas identificar talentos, avaliar habilidades e encontrar pessoas que compartilhem da visão da empresa são grandes desafios que requerem prática.

Uma boa contratação permite fortalecer a equipe com novas habilidades e perspectivas. Para isso, ao iniciar o processo de busca de um novo colaborador, é preciso definir de forma clara e direta o objetivo e os requisitos da vaga. Assim, é possível entender melhor as necessidades da empresa naquele momento e direcionar os esforços para encontrar os candidatos que vão dar match com seu negócio.

A próxima etapa da contratação é integrar de forma adequada os novos colaboradores. O ideal é planejar um onboarding, ou programa de integração, para quem está chegando, para que se sintam acolhidos e consigam se conectar com outros colaboradores, passem pelos treinamentos necessários e entendam o dia a dia da sua função na empresa. Ter esse passo a passo ajuda os profissionais a entrarem com o pé direito no novo emprego e estimula a colaboração entre toda a equipe.

O QUE ATRAI UM BOM PROFISSIONAL: CRESCIMENTO PROFISSIONAL

Bons profissionais são aqueles que não param de aprender e querem crescer em sua carreira. Por isso, buscarão ambientes que ofereçam oportunidades de desenvolvimento e evolução profissional.

REMUNERAÇÃO

Bons profissionais querem ter seu trabalho valorizado. Ofereça salários competitivos, que estejam alinhados com as habilidades e a experiência do cargo e do colaborador, além de bons benefícios.

CONDIÇÕES DE TRABALHO

Um ambiente seguro, limpo e organizado, com equipamentos de qualidade e materiais adequados para o desempenho das atividades são fundamentais, além de não precisar exercer funções paralelas. A cultura da empresa é um dos pilares na hora de criar um espaço de respeito e colaboração.

O QUE MANTÉM UM BOM PROFISSIONAL: RECONHECIMENTO E PREMIAÇÃO

Valorize o trabalho e o desempenho com premiações, como Destaque do Mês, bônus por metas alcançadas e até mesmo brindes e presentes.

METAS INDIVIDUAIS E METAS EM GRUPO

Estabeleça metas claras e mensuráveis para cada colaborador e cada equipe, incentivando o senso de propósito e colaboração. Também é importante comemorar as conquistas e valorizar o progresso, seja individualmente, seja coletivamente.

ORGANIZAÇÃO DA EMPRESA

Mostre que o sucesso do negócio abre portas! É importante que o crescimento do negócio seja sinônimo de crescimento para os seus colaboradores. Demonstre isso com promoções, aumento de responsabilidades, novas unidades e mais oportunidades de reconhecimento e liderança.

ONBOARDING

A origem da palavra vem do inglês e significa "embarque". E é exatamente o que ela significa. O onboarding nada mais é que a integração e o aculturamento dos novos colaboradores. É o momento ideal para:

- Receber e apresentar os recém-chegados ao seu negócio e equipe.
- Ensinar sobre o dia a dia, as tarefas e as demandas.
- Explicar como funcionam os equipamentos.
- Mostrar a infraestrutura local.

Esse é um processo que faz toda a diferença, pois traz um início mais tranquilo para o colaborador, ele consegue se localizar melhor dentro de suas atividades e responsabilidades e traz mais oportunidades para criar laços com os novos colegas, além, é claro, de trazer mais segurança para que ele passe pelos aprendizados iniciais de qualquer trabalho.

Uma recepção calorosa e impactante certamente fará com que a experiência da pessoa que está chegando seja mais agradável, não só na chegada, mas também pode repercutir em toda sua trajetória na empresa. Mas é preciso ter paciência. Os nove meses iniciais são cruciais e precisam ser observados de forma diferente, pois esse é, em média, o tempo necessário para que o profissional se adapte e desenvolva suas habilidades. É um colaborador que está nascendo.

PROCEDIMENTO OPERACIONAL PADRÃO – POP

O POP é uma ferramenta que vai ajudar a garantir a qualidade dos serviços prestados no seu negócio. É como se fosse um manual geral da empresa e traz um conjunto de instruções detalhadas com o passo a passo para realizar cada atividade de forma padronizada e eficiente.

O POP também guia os colaboradores e estimula o senso de equipe, já que eles podem ajudar uns aos outros na compreensão e na execução dos passos, além de reforçar a cultura da empresa, criando um padrão de qualidade.

DELEGAÇÃO

Uma das principais habilidades de uma liderança é saber delegar. É preciso ter confiança e respeito para compartilhar as responsabilidades e dividir as tarefas importantes com a sua equipe. Afinal, é como diz aquela famosa frase de filme de super-herói: “Com grandes poderes, vêm grandes responsabilidades”.

A delegação cria oportunidades para que seus colaboradores façam atividades diferentes e mostrem seu potencial, ensina novas habilidades e ajuda você a focar nas inúmeras atividades que envolvem liderar pessoas. Para que tudo isso dê certo, o ideal é contar com a autogestão.

PRINCÍPIO DA AUTOGESTÃO

Uma liderança precisa confiar na sua equipe e em seu trabalho. Afinal, foram selecionados e contratados para exercerem suas funções. O princípio da autogestão nada mais é que deixar que seus colaboradores assumam as responsabilidades do seu cargo e confiar que farão um bom trabalho.

A autogestão dá aos colaboradores a autonomia de gerenciar seu próprio tempo, tarefas e responsabilidades. Ela parte do pressuposto de que todas as pessoas envolvidas são adultas responsáveis, profissionais, que sabem o que fazem, capazes de enfrentar as consequências de suas atitudes.

Esse também é um dos motivos da importância do processo de onboarding e treinamento: para que o colaborador compreenda seu cargo, suas responsabilidades, o limite das suas atividades e saiba para quem pedir ajuda em uma eventual dificuldade.

DELEGAR É DIFERENTE DE DELARGAR

Não basta simplesmente passar as responsabilidades para outra pessoa sem se envolver, é mais do que colocar alguém para fazer uma função. É preciso ensinar, explicar e demonstrar como se fazem aquelas atividades de forma clara e didática, acompanhando a integração da pessoa, além de estar disponível para tirar as dúvidas que certamente vão surgir pelo caminho.

Tenha em mente que existe um tempo de preparação e adaptação das pessoas. Isso é um processo de aprendizado, que terá erros e acertos. E seu trabalho enquanto liderança é estar ali para conferir, apoiar e orientar, aumentando as responsabilidades gradativamente, até que o colaborador aprenda a realizar as funções.

A delegação bem-sucedida é composta de uma comunicação clara, um alinhamento de expectativas e acompanhamento de progresso. Tanto a delegação quanto a autogestão exigem que os profissionais corretos estejam com as funções adequadas. Isso quer dizer que um cargo deve ser ocupado por competência, e não por conveniência. Não adianta contratar amigos e familiares por serem pessoas próximas. Eles precisam estar aptos a realizar aquele tipo de função.

FEEDBACK

Como podemos impulsionar a carreira de um profissional? Através de feedback, que traduzindo de maneira literal significa "olhar para trás". Ou seja, é uma maneira de avaliar nossos erros, identificar o que poderíamos ter feito de forma diferente, o que poderia ser aprimorado. Mas como podemos oferecer um feedback construtivo?

Quando saímos de casa, sempre temos a intenção de acertar, de fazer as coisas corretamente. No entanto, às vezes cometemos erros. Em algumas situações, nossa intenção é ajudar alguém a melhorar, mas a comunicação acaba sendo falha.

A forma mais tradicional de dar feedback é através de elogios, críticas e, em seguida, mais elogios para finalizar o processo. Ou seja: um feedback básico é estruturado em etapas:

- Reforço dos pontos positivos.
- Identificação dos pontos de melhoria.

O feedback é uma ferramenta essencial no ambiente de trabalho e serve para fornecer informações, avaliações e orientações sobre o desempenho de uma pessoa, equipe ou projeto. Ele pode ser tanto positivo quanto construtivo, e tem como objetivo promover o crescimento, o desenvolvimento e a melhoria contínua. Ele pode:

- Melhorar o desempenho da equipe.
- Trazer reforço positivo.
- Incentivar o desenvolvimento profissional.
- Alinhar expectativas.
- Identificar lacunas para desempenho.
- Fortalecer as relações.

Para que o feedback tenha o efeito desejado é preciso aplicá-lo no momento certo. Mas como saber qual a melhor hora e qual tipo usar? Um curto ou longo? Aquele de dois minutinhos no dia a dia ou aquele mais formal, em que é preciso chamar para conversar separadamente? Como estruturo isso?

Muitas vezes quem recebe o feedback pode achar que é uma coisa pontual e não regular. Isso acaba sendo apenas uma interpretação individual que passa despercebida. Por isso, é muito importante que as orientações sejam dadas de forma clara, direcionando seus colaboradores da forma mais responsável possível.

REAÇÕES AO RECEBER UM FEEDBACK NEGATIVO

Cada pessoa é de um jeito e, diante de um feedback negativo, irá reagir à sua maneira. Não é possível prever como será a reação, mas há quatro estágios mais comuns: choque, raiva, resistência e aceitação.

Você pode dar um feedback rápido ou longo. Isso depende da gravidade do ocorrido com a situação do seu colaborador.

REUNIÃO GERAL

Ao longo do tempo é comum que ocorram desajustes entre a equipe. Nesses momentos, o ideal é fazer uma reunião geral. Ela ajuda a manter o time alinhado e bem-informado sobre assuntos relevantes para o funcionamento do seu estabelecimento.

Quando reunir os colaboradores?

Quando há mudanças muito grandes na empresa. Durante momentos de transição, como a implementação de novos processos, estratégias ou reestruturações, a reunião geral permite que todos os colaboradores entendam as mudanças e seu impacto no dia a dia.

Reclamações em geral

Se houver questões recorrentes ou preocupações entre a equipe, esta pode ser uma oportunidade para se discutir e resolver esses problemas de forma aberta, sem expor as pessoas e buscando soluções em conjunto.

Treinamentos técnicos

Esse também pode ser o momento de fornecer treinamentos técnicos aos colaboradores, como cursos e workshops. Nesse caso, não precisam estar diretamente relacionados ao trabalho, podendo ser uma oportunidade de desenvolvimento pessoal.

Procedimento Operacional Padrão (POP)

Precisando revisar e reforçar o POP? Use as reuniões gerais para refrescar a memória de cada colaborador e garantir que estejam familiarizados com os procedimentos e padrões estabelecidos, reforçando a importância do padrão de qualidade dos serviços prestados e a padronização das práticas na sua empresa.

PLANO DE DESENVOLVIMENTO INDIVIDUAL (PDI)

Os bons profissionais estão sempre buscando se aprimorar. E querem ser reconhecidos por isso. O PDI — Plano de Desenvolvimento Individual — é uma ferramenta estratégica, sendo uma excelente oportunidade para que colaboradores, em parceria com suas lideranças, tracem caminhos de crescimento, identificando áreas de melhoria e definindo metas realistas e mensuráveis. Assim, é possível estabelecer um plano estruturado, alinhado aos objetivos da empresa e às necessidades individuais.

COMO FAZER UM PDI

Defina objetivos específicos

Junto ao colaborador, estabeleça metas claras e mensuráveis para cada ponto de melhoria. Isso ajudará a direcionar os esforços e a criar um senso de propósito. Por exemplo: preciso aumentar meu número de atendimentos em 40% nos próximos 3 meses.

Identifique o motivo

Compreenda o que motiva cada colaborador individualmente e por que cada ponto identificado no primeiro passo precisa de melhoria. Por exemplo: "Por que preciso aumentar meu número de atendimentos?".

Defina como será feito

Aqui, é pensar junto com o colaborador em como colocar o plano em ação, dando a ele o protagonismo de escolha. Elaborem um plano de ação detalhado para alcançar o objetivo, listando etapas, recursos e atividades necessárias. Por exemplo: reforçar as práticas do POP e participar de um workshop de organização.

SAINDO DO OPERACIONAL

Você pode estar fazendo tudo certo no seu negócio e tendo ótimos resultados, mas se você não sair, pouco a pouco, do operacional para se dedicar à parte estratégica, você dificilmente terá grandes progressos. Aqui é importante entender que você não é insubstituível e que sua equipe poderá, sim, dar conta de continuar a operação sem você.

Mas não adianta sair do operacional antes da hora. É recomendado que você faça isso quando a equipe estiver preparada. Aprenda a se comportar como um empresário e demonstre isso, tanto para sua equipe quanto para seus clientes. Ocupe-se, busque conhecimento, agende reuniões, vista-se bem, atente-se para os pequenos detalhes e transmita a mensagem de que você está se movimentando para fazer o negócio avançar.

Nos meses seguintes, avalie o cenário e tome as decisões sobre os próximos passos. De acordo com o crescimento do negócio você pode optar por trabalhar um ou dois dias por semana na operação. Isso fica a critério do empreendedor, de acordo com suas preferências, planos e circunstâncias.

PILARES PARA EMPREENDER COM SUCESSO

Imagine uma construção sólida e resistente. O que a sustenta são os pilares, fundamentais para manter tudo em equilíbrio. No empreendedorismo também existem pilares essenciais que fornecem base sólida para crescimento e progresso contínuos da empresa.

1 – Alinhamento familiar

No processo de empreender é fundamental ter alinhamento com as pessoas que compartilham sua vida pessoal, especialmente se você está num relacionamento. É importante que conversem abertamente sobre os objetivos e aspirações, identificando se as ideias são semelhantes. Por exemplo, se a outra pessoa não apoia seus planos de crescimento ou não tem ambições semelhantes às suas, isso irá atrapalhar o seu processo mais adiante.

É fundamental garantir que ambos estejam olhando para a mesma direção, compartilhando interesses e oferecendo apoio emocional, mesmo que não trabalhem juntos. Não é sobre trabalhar juntos ou fazer com que a outra pessoa compre seu sonho. É sobre sonhar em conjunto e incentivar o crescimento mútuo. Casais que se apoiam e se fortalecem chegam muito mais longe.

Além disso, nos momentos de dificuldade, receber apoio de quem divide a vida com você fará toda a diferença para você não desistir. Portanto, lembre-se de cultivar um diálogo franco, criando um ambiente de compreensão mútua.

2 – Salto de fé

Um aspecto essencial para quem almeja o sucesso é acreditar. E isso tem a ver com a fé. Em algum momento da sua caminhada você precisará dar um salto de fé para evoluir, mesmo sem garantias do que virá a seguir. Essa decisão envolve assumir riscos e fazer o que é necessário para crescer, caso contrário você ficará estagnado.

Às vezes não há garantias de nada, e o que te separa do seu sonho é justamente esse salto de fé. Para ter sucesso é preciso crer para ver. Lembrando que não é sobre ser irresponsável ou agir sem cautela. É sobre assumir um risco calculado e consciente sabendo que ele pode dar errado, sim, mas e se der certo?

Creia profundamente no sucesso do seu negócio. Se der errado, tudo bem. Refaça a rota. Mas aqueles que não possuem fé acabam desistindo nos primeiros obstáculos ou tendem a estagnar justamente no momento em que a única estratégia possível era confiar.

3 – Conhecimento

Esse pilar tem um peso grandioso no sucesso de qualquer negócio, mas acaba sendo deixado de lado. Se você deseja empreender, você precisa buscar conhecimento sobre empreendedorismo.

Se você deseja gerar valor no que faz e tomar decisões mais assertivas, é o conhecimento que irá te auxiliar. Conhecimento é o que faz qualquer pessoa se desenvolver, evoluir e ser melhor. Se você quer empreender, encontre prazer em aprender. Do contrário, nem adianta seguir em frente.

Ao longo de 15 anos de trabalho eu não buscava conhecimento. No máximo, uma dica aqui e outra ali. Somente em 2014, quando comecei a investir em cursos e mentorias, é que o jogo começou a virar de verdade. O conhecimento transformou as pessoas envolvidas na marca para, em seguida, transformar o negócio.

4 – Mentoria

A mentoria é a prática de um empresário mais experiente orientar outro com menos experiência, ajudando-o a percorrer o mesmo caminho. Isso é feito com uma metodologia própria com base em sua experiência profissional.

Hoje em dia há muitas informações disponíveis em cursos, palestras, manuais, mas a diferença é que na mentoria você tem o especialista pegando na sua mão para te guiar até os seus objetivos, orientando sobre quais passos dar na sua carreira.

5 – Estrutura

A localização do seu negócio é crucial para seu posicionamento e precificação. Antes de definir o local do seu estabelecimento, considere o perfil do seu público, a estrutura que irá oferecer e o valor que deseja cobrar pelos seus serviços. O negócio certo no lugar errado nunca vai chegar aonde merece.

Acredite: a cidade, o bairro e a rua escolhidos influenciam diretamente no valor dos seus serviços e, consequentemente, no faturamento. A falta de atenção a este ponto pode significar o fracasso do seu negócio.

6 – Padrão arquitetônico

Independentemente do tamanho do seu negócio, busque a orientação de um arquiteto para otimizar espaços e criar um ambiente visualmente atraente e diferenciado para o seu negócio. Afinal, essa estrutura será definitiva por um bom tempo e merece um investimento.

Além do mais, isso trará retornos para seu negócio a longo prazo, já que um espaço bem planejado é capaz de otimizar a funcionalidade dos ambientes e elevar a experiência do público, gerando encantamento e fidelização.

O projeto arquitetônico leva em conta diversos aspectos como layout, decoração, iluminação, cores e materiais. E tudo isso é essencial para criar uma identidade visual única para seu negócio. O espaço deve transmitir a personalidade e os valores do seu negócio, contribuindo para a construção de uma marca sólida, coerente e uniforme.

7 – Equipe

Aprender a contratar pessoas pode poupar você de muito desgaste. E o empreendedor deve sentir certa conexão com o candidato. No Seu Elias eu avalio o comportamento, faço uma avaliação técnica e em seguida é realizada uma entrevista psicológica em parceria com clínica especializada, além de consultas jurídicas, visando evitar alta rotatividade dos colaboradores.

A caixa-preta do empreendedor de sucesso é a capacidade de contratar as pessoas certas para estarem ao seu lado.

8 – Padrão técnico e comportamental

A padronização de um modelo de negócio é essencial em todos os aspectos da operação e está totalmente relacionada à cultura da empresa. À medida que certos gestos padronizados são praticados, eles contribuem para a eficiência e a excelência do serviço prestado.

Uma boa estratégia para garantir que os padrões sejam seguidos é promover treinamentos e criar manuais que perpetuem a qualidade dos serviços oferecidos ao longo do tempo. Essa é uma excelente forma de capacitar os profissionais, mantendo-os atualizados quanto às melhores tendências e técnicas do setor, além de garantir o cumprimento de normas de higiene, segurança e atendimento ao cliente.

Essa padronização resulta em atendimentos de alta qualidade, fortalecendo a reputação e o posicionamento do seu negócio no mercado.

9 – Treinamentos

Ao estabelecer diretrizes claras aos seus colaboradores, você cria uma identidade empresarial coesa e consistente, com práticas internas que estão alinhadas aos valores e objetivos do negócio. Nada gera mais credibilidade do que um atendimento padronizado, com organização e foco na satisfação máxima do cliente.

Como você irá conferir mais adiante, para garantir que o padrão seja seguido, são necessários vários passos, que incluem: dar exemplo, oferecer treinamentos, lembretes e reforços para fortalecer as mudanças.

Uma boa estratégia é criar um treinamento inicial para apresentar, em detalhes, os passos necessários para realizar cada tarefa específica conforme o padrão da empresa. Sem um direcionamento do que é um padrão da empresa, cada profissional irá fazer os atendimentos de acordo com suas preferências ou opiniões do que é o ideal, o que pode resultar em atitudes negativas e incoerentes para seu negócio. Sem padronização, a imagem que o cliente terá do seu negócio não está sob seu controle, mas nas mãos do seu colaborador.

Portanto, somente a padronização de processos e atendimento dentro de uma empresa pode garantir que o cliente terá uma experiência agradável e de alta qualidade, independentemente do colaborador que o atender. Isso fortalece sua marca e cria um senso de identidade coletiva, que não está atrelada a uma pessoa da equipe em específico. Equipe afinada, serviços impecáveis. Invista em padronização e treinamento para o sucesso duradouro.

10 – Gestão para o crescimento

A gestão nada mais é que o conjunto de ações que devem ser executadas para se administrar todas as áreas de uma empresa. Por isso você precisará estar atento para ajustar os processos constantemente, conforme as situações se apresentam, para evitar prejuízos e seguir em expansão. Ou seja: uma gestão eficiente é aquela que não se acomoda e está sempre em movimento para melhorar o que já funciona bem e eliminar o que funciona mal.

Em um mundo em constante transformação, se você continua no mesmo lugar, sem se reinventar, já dá para imaginar o que acontece, certo? Mudar é preciso, sempre. Nunca pare de questionar se há algo a ser melhorado.

Além disso, o mercado está cada vez mais competitivo e, muitas vezes, os concorrentes conseguem oferecer um serviço de qualidade similar por um preço menor devido a uma estrutura mais econômica. Nesse caso, como se destacar? Empreender é aprender a pensar, pensar e pensar constantemente. É necessário buscar estratégias que agreguem valor ao serviço oferecido, como oferecer uma experiência única aos clientes, investir em atendimento personalizado e estabelecer parcerias com fornecedores para obter melhores condições.

Quando a unidade Seu Elias Pampulha foi inaugurada, ela chegou a ter uma fila de espera de quinze dias. Um movimento histórico. Quando foram lançadas as outras unidades, e com a concorrência se profissionalizando cada vez mais, houve uma queda de 30% no faturamento. Diante disso, mesmo sem dinheiro em caixa, eu me mobilizei e investi mais de 180 mil reais em novas ideias e melhorias, como estacionamento coberto e a Seu Elias Kids, para que ela voltasse a faturar bem novamente.

Sempre avalie o que é possível ser feito para a sua realidade hoje. Vá atrás, busque parcerias, seja inquieto.

QUANDO É HORA DE EXPANDIR

O momento certo para expandir seu negócio, seja aumentando a equipe, ampliando espaço físico ou abrindo uma nova loja, é baseado na percepção, no bom senso e na análise de dados. Se você ainda sente que precisa fortalecer a sua marca na cidade ou que a demanda ainda não é tão grande, o mais aconselhável é focar nesses pontos primeiro, para evitar prejuízos financeiros.

Portanto, foque em elevar o atendimento, tornando-o melhor do que já é. Invista em ações de marketing para atrair clientes e foque no encantamento para fidelizar essas pessoas. Lembre-se: os riscos devem ser sempre calculados! Chegará o momento em que você precisará ser ousado, claro, mas é fundamental que você tenha indícios positivos para direcionar esses passos ousados.

EMPRÉSTIMO × INVESTIDOR

Na hora de levantar recursos financeiros para abrir um negócio, uma dúvida comum é: empréstimo ou investidor? Se você optar por um empréstimo, é importante verificar as condições oferecidas pelos bancos, como taxas de juros, prazos e garantias que eles pedem. Por outro lado, se você encontrar um investidor, precisa considerar coisas como a porcentagem de lucros e se você terá que compartilhar o controle do negócio.

Antes de tomar a decisão, analise cuidadosamente as vantagens e desvantagens de cada uma delas. Além disso, com o auxílio de um consultor ou mentor de negócios, elabore um plano sólido para mostrar aos possíveis financiadores que você tem um planejamento eficiente para usar o dinheiro e ter sucesso.

Para facilitar a sua tomada de decisão, veja a seguir as principais vantagens e desvantagens de cada caso:

Investidor

VANTAGENS

- Capital adicional para investimento, não tem limites como ocorre nos empréstimos.
- Potencial para orientação e expertise do investidor.

DESVANTAGENS

- Possível perda de controle e autonomia.
- Compartilhamento de lucros e decisões.

Empréstimo

VANTAGENS

- Flexibilidade para utilizar os recursos conforme desejar.
- Controle total do negócio.
- Não necessita compartilhar os lucros.

DESVANTAGENS

- Limitação dos recursos disponíveis.
- Possível necessidade de oferecer bens ou propriedades como garantia de pagamento.

De uma maneira geral, se você estiver confiante sobre os próximos passos e com uma estratégia clara sobre como investir o dinheiro, um empréstimo pode ser a melhor opção.

Dessa forma, quando o negócio decolar, você terá mais autonomia, maior lucro e não precisará gastar uma alta quantia para comprar a parte do investidor depois, por exemplo. Mas tudo irá depender do seu contexto.

MARKETING

Depois de criar uma marca forte, é hora de colocá-la no mundo. E é aí que entra o que chamamos de marketing. Quanto vale uma marca? Qual o custo de uma ideia inovadora? Qual o lucro que pode ser gerado por meio da criatividade?

Eu comecei do zero, motivado pelo desejo de ter minha própria barbearia. E identifiquei uma lacuna do mercado ao perceber que o público masculino estava cada vez mais vaidoso, mas não tinha um espaço diferenciado e sofisticado exclusivamente dedicado ao cuidado visual deles.

Desde o início, a Seu Elias foi pensada para impactar os clientes em cada contato, reconhecendo cada oportunidade como uma chance de conquistá-los ou perdê-los, o que resultou em uma experiência única. A compreensão das dores do público masculino e análise do mercado foram cruciais para o sucesso da barbearia. Como consequência, a marca teve papel determinante no segmento de beleza masculina, sendo uma das pioneiras no conceito de barbearia gourmet, causando um boom no mercado.

Marketing é a arte de criar e entregar valor para satisfazer necessidades e desejos de um mercado consumidor. De nada adianta ter uma marca forte, uma estrutura incrível, com uma experiência de atendimento única e diferenciada, se você não conseguir atrair clientes, certo?

Uma frase conhecida e que resume esse conceito é "quem não é visto não é lembrado". Portanto, a função do marketing é criar valor e chamar a atenção dos possíveis clientes, gerando um relacionamento benéfico para as duas partes. De um lado, o público deve se beneficiar de um produto ou serviço que realmente atenda às suas necessidades. De outro, a marca obtém lucro por meio do seu negócio ofertado.

BUSQUE ESPECIALISTAS

Busque profissionais especializados para te ajudar nesta missão: agências de marketing, publicitários, social media, produtores de conteúdo, videomakers etc. Se no início os recursos forem baixos para contratar empresas, comece buscando freelancers ou profissionais autônomos para dar os primeiros passos na divulgação do seu negócio.

ESTUDE

Extraia o máximo de conteúdos da internet. Faça cursos e mentorias sobre o tema. Entenda quais são as melhores estratégias do mercado, filtre aquilo que faz sentido para o seu negócio e avalie o que já pode ser aplicado. Mesmo que você contrate uma equipe para te auxiliar com o marketing, entender conceitos básicos fará de você um empreendedor mais estratégico.

ATIVE O OLHAR CRIATIVO

Criatividade não é dom, e sim uma habilidade que pode ser desenvolvida. Estimule a sua mente a ter ideias e soluções inovadoras. Busque atividades inspiradoras, leia mais, frequente exposições, consuma conteúdos de outros nichos de mercados, observe anúncios e propagandas que chamam a sua atenção no dia a dia. Seja curioso!

PRATIQUE O ÓCIO

O descanso faz parte do processo de ter ideias inovadoras, por isso não se culpe por tirar férias ou reservar tempo para o lazer: encare este tempo como fundamental para sua mente liberar espaço para encarar desafios, identificar oportunidades e sair do óbvio.

AÇÕES DE MARKETING

Muito se fala sobre marketing digital hoje em dia. No entanto, investir em tráfego pago nos canais de mídia on-line pode sair bem caro. Claro que é importante ter uma presença digital forte e, sempre que possível, investir em conteúdos e anúncios segmentados para o seu público. Mas muitos empreendedores têm se esquecido das formas tradicionais de fazer marketing, que também trazem excelentes resultados e costumam demandar um investimento menor.

A seguir, confira algumas ações já realizadas pela barbearia Seu Elias:

- Panfletagem com bombom, oferecer xampu no primeiro atendimento, um QR Code para agendar o horário.
- Panfletagem com cheirinho (marketing olfativo) para colocar no carro.
- Painéis de LED anunciando pelo bairro "o Seu Elias é logo ali".
- Assessoria de imprensa, divulgando notícias relacionadas ao seu negócio para a imprensa, gerando mídia espontânea.
- Outdoors nas principais vias da cidade, além de pontos de ônibus.
- Ações da marca envolvendo influenciadores.
- Incentivar clientes a fazerem uma publicação sobre o atendimento em suas redes sociais.
- Espaço Instagramável, espaço Pet, espaço Kids.
- Cartão-fidelidade.
- Patrocínios de outras empresas em eventos.

Encontre formas de se fazer presente de maneira marcante na vida das pessoas, pensando em ações que serão lembradas, gerando impacto e curiosidade sobre o seu negócio.

ENDOMARKETING

Seus colaboradores são seus clientes internos. Você está cuidando da satisfação deles? Tão importante quanto o marketing é o endomarketing, também conhecido como marketing interno. Ele consiste em um conjunto de estratégias voltadas para a melhoria do ambiente de trabalho e engajamento dos colaboradores. Isso inclui a realização de campanhas para promover a satisfação da equipe, fortalecimento da cultura, programa de benefícios, entre outros. O objetivo é criar um ambiente favorável, motivador e saudável, que contribua para o sucesso da empresa e o bem-estar dos colaboradores.

Na Seu Elias desenvolvemos o "Punho de Ferro", um encontro trimestral que acontece na barbearia, com o intuito de desenvolver e motivar a equipe. São realizadas premiações para cada categoria, com direito à distribuição de cinturão semelhante aos de lutadores profissionais, capas diferenciadas e broches para quem se destacar nas disputas. A ação instiga os colaboradores a quererem alcançar o status de vencedor, além de gerar curiosidade nos clientes que querem saber por que ele está vestido com uma capa diferente.

Ações de endomarketing fortalecem a cultura da empresa gerando um sentimento de pertencimento nos membros da equipe, o que tem um impacto positivo direto no atendimento ao cliente e, consequentemente, no faturamento.

Isso significa que todos os aspectos positivos que você proporcionar aos seus colaboradores terão um retorno para o seu negócio na forma de: maior produtividade, comprometimento e retenção da equipe; garantindo o sucesso sustentável do seu empreendimento a longo prazo.

MARCA

O que a sua marca comunica? A mensagem que sua marca transmite deve estar alinhada ao seu posicionamento, que é o lugar que a sua empresa ocupa ou quer ocupar no coração e na mente do seu público. De uma maneira geral, na hora de criar sua marca, é necessário levar em conta os seguintes pontos:

Considere nomes neutros

Nomes neutros garantem mais escalabilidade ao seu negócio, evitando certa dependência dos clientes em relação à sua pessoa.

A identidade visual deve representar a essência de sua marca

O que você quer comunicar? Quem você quer atrair? Como sua marca deverá ser vista e lembrada? Esses são alguns questionamentos importantes que se deve fazer ao construir a representação da essência de sua marca.

Busque especialistas em criação de marcas

Da criação do nome à identidade visual, procure profissionais especialistas para criar uma marca forte no mercado.

Tudo é intencional

As cores, o símbolo, a tipografia, os elementos e todos os aspectos da sua marca comunicam algo para o público, mesmo que de forma inconsciente. Por isso é crucial contratar um designer para essa etapa tão importante.

A marca Seu Elias transmite um conceito bastante pessoal e retrô, gerando certo mistério, inclusive de que se trata de um barbeiro velhinho, de cabelos brancos. No entanto, apesar de ter funcionado bem, ela cria um vínculo direto comigo, causando certa dependência do proprietário.

Por conta disso, o processo de escalonar o negócio, fazendo com que os clientes confiassem na marca em si, e não apenas no meu nome, foi mais demorado do que seria se o nome fosse neutro. Como contei acima, o grupo Seu Elias hoje é um ecossistema com 22 marcas, cada uma com sua identidade visual única.

VOCÊ JÁ SE PERGUNTOU COMO CRIAR VALOR PARA SUA MARCA?

Já ouviu falar do método PIPE? Trata-se de um processo eficaz baseado nos pilares Público — Identidade — Promoção — Experiência.

Cada um desses elementos desempenha um papel essencial na construção de uma marca forte e impactante. Através dessa metodologia, você aprenderá a definir seu público-alvo, desenvolver uma identidade sólida, promover a sua marca de forma eficiente e proporcionar experiências memoráveis aos seus clientes.

1 – Público

Conhecer profundamente seu público-alvo é o primeiro e mais importante pilar para obter sucesso, tomando decisões acertadas, evitando se comunicar de maneira incorreta. Tanto a estrutura quanto a localização e a comunicação do seu negócio devem estar alinhadas ao público-alvo que se deseja atingir.

Para isso, é fundamental pesquisar e analisar o mercado e identificar os principais grupos de consumidores existentes no seu segmento, compreendendo exatamente quais são as suas necessidades. Isso nos leva ao conceito de nicho de mercado.

NICHO DE MERCADO E SUA IMPORTÂNCIA

Enquanto público-alvo é um conceito mais geral e amplo, referindo-se a um grupo de pessoas para as quais seus serviços podem ser úteis, nicho de mercado é um recorte desse público, ou seja, um grupo específico de consumidores com características, necessidades e interesses semelhantes.

Muitos negócios cometem erros ao tentar atingir um público amplo demais, por exemplo, e isso dificulta a comunicação efetiva, uma comunicação que de fato gere conexão com seus clientes. Afinal, quem fala com todo mundo, na verdade não fala com ninguém. Um nicho bem definido oferece a possibilidade de direcionar os esforços de marketing e oferecer soluções mais personalizadas para atender às demandas do seu público. Algumas vantagens de se escolher um nicho para atuar:

- **Menos concorrência**
  Ao focar em um nicho específico, a concorrência é reduzida. Isso significa que você não estará competindo diretamente com os grandes players do mercado, facilitando o destaque da sua marca.

- **Público mais qualificado**
  Cada nicho possui necessidades e dores específicas. Como há poucas opções no mercado que atendam a essas demandas, os consumidores estão dispostos a pagar por soluções

personalizadas e exclusivas. Isso cria um engajamento maior com a marca, pois os clientes percebem que você está oferecendo algo diferenciado.

- **Preços mais vantajosos**
  Em um nicho pouco explorado, com baixa concorrência, você tem a possibilidade de estabelecer os preços. A oferta de produtos ou serviços exclusivos e de qualidade superior permite que os consumidores estejam dispostos a pagar um pouco mais, aumentando os seus lucros.

- **Facilidade em fazer parcerias de negócio**
  No contexto de nicho de mercado, influenciadores digitais que são especialistas em determinados assuntos podem se tornar parceiros valiosos. Quando você conhece bem o seu nicho, consegue identificar parceiros de negócio que agregam valor à sua marca e ajudam a se destacar da concorrência.

MELHOR ROI

Ao direcionar seus esforços de marketing para um nicho específico, você alcança clientes potenciais de forma mais precisa e eficiente, tendo maior Retorno sobre Investimento (ROI). Sua estratégia será focada exclusivamente no nicho selecionado, resultando em campanhas segmentadas e anúncios mais direcionados nas redes sociais, alcançando pessoas realmente interessadas no seu negócio e aumentando o retorno sobre o investimento.

TIPOS DE NICHO

Existem diferentes tipos de nicho de segmentação que você pode considerar para direcionar sua estratégia.

- **Segmentação geográfica**
  Essa forma de segmentação leva em conta a localidade do seu negócio. Você pode considerar o continente, país, estado e até mesmo ser mais específico, focando em cidade, bairro ou região.

- **Segmentação demográfica**
  Neste tipo de segmentação, você considera aspectos pessoais do seu público-alvo, como idade, gênero, crença, raça e grau de escolaridade. Essas características têm grande influência nos hábitos de compra das pessoas.

- **Segmentação psicográfica**
  Aqui você leva em conta as características pessoais dos consumidores, como costumes, crenças, personalidade e estilo de vida. As pessoas estão cada vez mais conscientes e fazendo escolhas de compra com base em seus valores compartilhados com as marcas.

- **Segmentação comportamental**
  Este tipo de segmentação analisa os hábitos de consumo das pessoas e as motivações por trás de suas compras. Você pode considerar o que seus clientes consomem, com que frequência e quais vantagens estão buscando.

2 – Identidade

Ter uma marca com uma identidade forte é um pilar essencial para o sucesso de um negócio. A identidade da marca engloba todas as características e qualidades que tornam uma empresa única e facilmente reconhecível. Todos os elementos, como cores, logotipo, tipografia, além de missão, visão e valores, são definidos e reforçados de maneira estratégica ao longo do tempo, fazendo com que você reconheça determinada marca.

A identidade da marca é o conjunto de qualidades e características que tornam uma marca única e reconhecível, incluindo missão, visão e valores, propósito, posicionamento, entre outros.

PROPÓSITO

A razão de ser de uma marca, representando sua motivação principal para existir. É o porquê de você fazer o que faz. Serve de guia para ações e decisões do negócio.

MISSÃO

É a materialização do propósito, ou seja, o "como" a empresa faz e o que entrega ao público-alvo na prática.

VISÃO

A descrição clara do futuro desejado da empresa. Define onde a empresa deseja chegar e serve como um guia para suas atividades e metas práticas do dia a dia.

VALORES

Princípios e crenças fundamentais que orientam o comportamento de uma empresa, refletindo sua ética, cultura e compromisso com todos os públicos envolvidos.

TOM DE VOZ

É como sua marca transmite sua identidade na hora de se comunicar com o público por meio das interações em seus canais. Inclui os termos utilizados, a linguagem, entre outros.

POSICIONAMENTO

É uma consequência da identidade de marca, isto é, a imagem e o lugar que uma marca ocupa na mente dos consumidores, com base nos atributos e diferenciais.

NAMING

O termo em inglês refere-se ao processo de nomear algo. Neste caso, diz respeito ao nome da marca, que precisa levar em conta todo o conceito da marca, isto é, sua identidade, valores, posicionamento, entre outros.

DIFERENCIAÇÃO

A agência responsável pela identidade visual da marca Seu Elias é a Quartel Design. Quando decidiram criar a agência, os sócios dedicaram um tempo para escolha de todo o conceito, até chegarem no nome Quartel Design. Nesse conceito, cada projeto a ser desenvolvido pela empresa passou a ser encarado como uma missão. Unindo o universo militar à criatividade, eles passaram a tratar os membros da equipe como Pelotão Criativo, reproduzindo a frase "Missão dada é missão cumprida".

Uma ação que repercutiu nas redes sociais foi a clássica foto de cada novo cliente da agência, usando capacetes de exército e anunciando que mais uma batalha (criativa) estava prestes a ser iniciada.

Isso ganhou tanto destaque a ponto de clientes de outros estados fazerem questão de ir pessoalmente à agência, simplesmente para fazer o tal registro com os capacetes para publicarem em suas redes sociais. Percebe o impacto da criação do conceito da marca na geração de valor, influência e visibilidade para o negócio?

3 – Promoção

Uma vez que você tem o seu público-alvo e a sua identidade de marca bem definidos, é hora de promover a sua marca. Nesse momento, é essencial entender a diferença entre promover a marca com um enfoque comercial (marketing) e promovê-la com foco no reforço da identidade de marca (branding).

Promover um negócio de cunho comercial é direcionar esforços para impulsionar as vendas e obter resultados imediatos. Isso envolve a utilização de estratégias de marketing voltadas para ações promocionais, descontos, anúncios diretos e outras táticas que visam estimular a compra do produto ou serviço.

Por outro lado, promover a marca com foco no branding tem como objetivo criar uma identidade de marca consistente, transmitir os valores e propósitos da empresa, além de fortalecer o relacionamento com o público-alvo. Nesse caso, as estratégias utilizadas são mais voltadas para o engajamento, o storytelling e outras ações que visam construir uma conexão emocional com os consumidores.

4 – Experiência

De que adianta todo o esforço para construir uma marca forte, com uma identidade original e uma estratégia de marketing bem elaborada, se a experiência do cliente não corresponder às expectativas?

A experiência do cliente é o elemento crucial que determina a percepção e a fidelidade do público em relação à sua marca. Cada interação, desde o primeiro contato até o pós-venda, deve ser cuidadosamente planejada e executada, visando proporcionar uma experiência excepcional.

Um exemplo de sucesso quando se trata de experiência do cliente é a Disney. A marca é conhecida por sua dedicação em oferecer a melhor experiência possível ao cliente, focando em detalhes minuciosos que criam um nível de encantamento único e inesquecível.

Algumas dicas para elevar a experiência do cliente:

- Transforme sua equipe em sua parceira de negócios.
- Coloque-se no lugar do cliente.
- Crie um ambiente aconchegante e confortável para seus clientes.
- Esteja atento aos detalhes.
- Use a tecnologia para melhorar a experiência do cliente.
- Busque formas de surpreender seu cliente.
- Escute seu cliente e não tenha medo dos feedbacks negativos.

CONTABILIDADE

Uma das importantes áreas a que todo empreendedor precisa estar atento é a área Contábil, que é responsável por analisar, registrar e regularizar as movimentações financeiras da empresa, de forma correta e organizada. A contabilidade diz respeito às obrigações tributárias e fiscais, além de questões administrativas e de pessoal das empresas.

É um setor que direciona diversas tomadas de decisão de um negócio, além de ser extremamente importante para a análise de lucro e prejuízo da empresa. Alguns dos conceitos que serão apresentados aqui podem parecer complexos, mas o objetivo não é assustar você ou afastá-lo do tema. Fique tranquilo, pois você não precisa dominar tudo.

Afinal, caso você pretenda ter um negócio próspero, ele certamente irá demandar a contratação de um profissional de contabilidade. Mesmo assim, é fundamental que você, como empreendedor, tenha uma noção geral da área e de tudo que necessita ser registrado, analisado e regularizado dentro do seu negócio.

LEGALIZAÇÃO: PESSOA FÍSICA × PESSOA JURÍDICA

A primeira área em que a contabilidade irá apoiar o empreendedor é na regularização do seu negócio. Por isso precisamos entender melhor o que é pessoa física e pessoa jurídica.

A pessoa física diz respeito ao indivíduo, ou seja, é sobre você, enquanto cidadão, uma pessoa com direitos e deveres na sociedade fiscal através do CPF.

Já a pessoa jurídica define uma organização formada por uma ou várias pessoas físicas e é registrada através do CNPJ. Ou seja, é a sua empresa. Isso é fundamental, pois, segundo a separação patrimonial, o patrimônio da pessoa física não pode ser confundido com o da pessoa jurídica.

CADA UM NO SEU QUADRADO: SEPARANDO AS FINANÇAS PESSOAIS DAS FINANÇAS DA EMPRESA

Uma premissa básica para qualquer empreendedor que deseja ter sucesso é separar as finanças pessoais das finanças das empresas. Se você ainda não separou, precisa fazer isso imediatamente.

Você e sua empresa são duas coisas distintas, com objetivos e necessidades diferentes. Por isso, para manter a ordem na casa, é essencial que mantenha suas contas separadas. Afinal, não é justo que você pague as dívidas do seu negócio da mesma forma que não é justo que seu negócio pague suas contas. Quem deve arcar com as despesas do seu negócio é a própria empresa, e quem deve arcar com suas despesas pessoais é você mesmo.

ENTES PÚBLICOS

Seja como pessoa física ou jurídica, todos nós existimos em sociedade. Ou seja, estamos inseridos em um contexto que envolve outras pessoas, empresas e os chamados entes públicos.

A União é responsável por instituir os impostos federais e estabelecer regulamentações gerais que afetam diretamente as empresas. Já os estados e os distritos regulamentam a circulação de mercadorias dentro do território estadual e instituem o ICMS, além de exigir documentos específicos para o funcionamento das empresas e cobrar taxas.

Em resumo, é fundamental que o seu negócio esteja em conformidade com as exigências dos entes públicos, ou seja, com a sua situação regularizada e os encargos pagos, sejam eles federais, estaduais ou municipais. Assim você evitará problemas legais e garantirá a continuidade das atividades do seu negócio.

FORMA DE REMUNERAÇÃO DOS SÓCIOS: PRÓ-LABORE OU DISTRIBUIÇÃO DE LUCROS

Uma das grandes questões como proprietários está na remuneração. Afinal, todo mundo precisa receber seu pagamento. Como fica essa questão para quem é o responsável ou para os responsáveis pela empresa?

Há duas maneiras de fazer isso: o pró-labore e a distribuição de lucros. Você já deve ter ouvido falar dessas palavrinhas. Mas, apesar de ambas possuírem o mesmo objetivo, há diferenças importantes entre elas.

O pró-labore é a remuneração fixa paga mensalmente aos sócios ou administradores em troca dos serviços prestados. É como se fosse o salário pela sua atuação na empresa. Justamente por isso é tributada da mesma forma que um salário, tendo que recolher imposto de renda, se devido, e contribuição previdenciária, e é considerada uma despesa da empresa para fins fiscais.

Por outro lado, a distribuição de lucros é uma forma de pagar os sócios de acordo com o sucesso financeiro da empresa. Por se isentar de impostos, se torna uma opção altamente recomendável do ponto de vista de custo. Diferentemente do pró-labore, essa remuneração não possui valor fixo e é calculada usando lucro líquido da empresa, que é o que restante do dinheiro ganho após todas as despesas terem sido pagas, incluindo o pró-labore.

É possível receber das duas formas. Por isso é importante que a sua empresa tenha um planejamento financeiro para definir o melhor valor e a frequência dessas remunerações para que isso seja feito de forma sustentável.

JURÍDICO

Além do controle das finanças, outro aspecto muito importante na hora de ter um negócio são as questões jurídicas. Cada setor tem suas próprias legislações e regras. E cuidar dos aspectos legais é tão importante para o sucesso do seu empreendimento quanto a contabilidade, a gestão de pessoas ou o marketing.

O ideal é ter um advogado que possa auxiliar a resolver problemas de forma mais direcionada para o seu negócio. Você deve entender os modelos de contratação e as leis trabalhistas, registro de marca e direitos do consumidor. Para isso, consulte um advogado de sua confiança.

GESTÃO

Embora seja ideal contar com um profissional especializado para auxiliá-lo na gestão, sabemos que nem sempre isso é possível, principalmente no início do seu negócio. Por isso vou mostrar como você mesmo pode analisar os números do seu negócio e tomar decisões estratégicas para garantir a saúde financeira do seu empreendimento, até que possa contratar alguém especializado e de confiança para assumir essa parte.

A gestão de qualquer empreendimento está ancorada em quatro conceitos-chave:

- Planejamento.
- Organização.
- Controle.
- Liderança.

Em primeiro lugar temos o planejamento. Com ele, é possível definir metas e objetivos claros, traçar estratégias e criar um roteiro para guiar todas as ações futuras. É como traçar um mapa que aponta o caminho para o sucesso.

A organização passa pela estruturação. É ela que vai definir responsabilidades, estabelecer fluxos de trabalho eficientes e garantir que todos os recursos necessários estejam disponíveis. É como se estivéssemos arrumando a casa, colocando cada peça no lugar certo para que tudo funcione em sincronia.

O controle, por sua vez, é a etapa responsável por garantir que as coisas estejam acontecendo conforme planejado, acompanhando indicadores de desempenho, avaliando resultados, corrigindo possíveis desvios e garantindo que o negócio se mantenha na direção correta e com melhorias contínuas.

Por fim, temos a liderança, que é um pilar fundamental para manter uma equipe inspirada, motivada e engajada. A ideia é que cada colaborador possa atingir seu máximo potencial e desenvolver seus talentos individuais.

Um bom gestor não é aquele que decide tudo, mas o que ajuda a garantir boas decisões. São várias as áreas do seu negócio que precisam de gestão, entre as quais estão as partes estratégica, financeira, comercial, de projetos, de processos de qualidade, de tecnologia da informação, de estoque, e por aí vai.

A gestão estratégica é desenvolvida com base na matriz SWOT, um diagrama que facilita a visualização dos pontos fortes, pontos fracos, além das oportunidades e ameaças para o seu negócio. Ela serve para identificar onde seu negócio pode melhorar e onde ele já está caminhando bem. Ela também ajuda a entender as possibilidades de crescimento que podem ser exploradas e o que pode vir a ser um problema no futuro. Isso funciona como base para traçar um cenário para o seu negócio e entender suas perspectivas de desenvolvimento.

STRENGTHS (PONTOS FORTES)

Aqui devem constar as vantagens que o seu negócio possui em relação aos concorrentes ou outros players do mesmo segmento de mercado.

WEAKNESSES (FRAQUEZAS)

Aqui você deve destacar os pontos negativos relativos ao ponto anterior. Ou seja, é preciso entender quais e quantos problemas a sua empresa tem em relação à concorrência.

OPPORTUNITIES (OPORTUNIDADES)

Aqui devem constar os fatores externos que influenciam positivamente o seu negócio.

THREATS (AMEAÇAS)

Aqui entram os fatores externos que comprometem o crescimento do seu negócio. É importante analisar o cenário econômico, a fim de prevenir situações futuras criando modos para aproveitar as oportunidades e reduzir riscos e perdas.

HABILIDADES DOS PROFISSIONAIS DE GESTÃO

Para lidar com todas as demandas gerenciais, uma das principais características de um bom gestor é a capacidade de ser uma pessoa questionadora. É preciso se perguntar sobre a atual situação da sua empresa, como estão os processos, a percepção dos colaboradores e parceiros, a perspectiva dos clientes, o que está bom, o que pode melhorar, quais gastos podem ser cortados e quais investimentos devem ser mantidos, por qual motivo as coisas são feitas e como estão acontecendo neste momento, dentre outras questões.

Ser uma pessoa questionadora é fundamental para identificar oportunidades, desafiar o convencional e pensar fora da caixa. É ter a coragem de fazer perguntas difíceis e buscar soluções criativas. Através do questionamento e da análise de dados é possível desafiar as práticas estabelecidas, promovendo um ambiente de aprendizado contínuo e adaptação às mudanças do mercado.

E, para questionar, é preciso ter o mínimo de entendimento das áreas. Um profissional de gestão está sempre estudando, aprendendo e renovando seus conhecimentos. O mundo está em constante processo de transformação e as mudanças acontecem cada vez mais rápido, incluindo o mercado, as tendências e o comportamento do público. E somente uma gestão eficiente será capaz de tomar medidas proativas para se adaptar constantemente aos novos cenários, antecipar necessidades etc.

Dentre as áreas de qualquer negócio, há quatro que são fundamentais, e é necessário que os gestores as compreendam minimamente para que sejam bons profissionais:

- Contabilidade.
- Jurídico.
- Rotinas administrativas e financeiras.
- Marketing e comercial.

Compreender os aspectos contábeis permite interpretar e registrar corretamente as transações financeiras do negócio. O conhecimento do departamento jurídico é essencial para garantir a conformidade legal e evitar problemas legais.

Já as rotinas administrativas e financeiras envolvem a gestão eficiente de documentos, fluxo de caixa, pagamentos e outras atividades essenciais. Por fim, o entendimento de marketing é crucial para conquistar e manter clientes, promovendo a marca e impulsionando as vendas.

CRESCIMENTO SUSTENTÁVEL: OS PILARES DO CRESCIMENTO SUSTENTÁVEL

Conceito claro e atrativo

Defina um conceito único e atraente para o seu negócio, destacando-se da concorrência. Tenha uma identidade visual marcante, ofereça serviços diferenciados e crie uma experiência única para seus clientes.

Conveniência

Torne o acesso ao seu serviço mais conveniente para os clientes. Considere a localização estratégica do local, ofereça horários flexíveis e disponibilize serviços de agendamento on-line para facilitar a vida dos clientes. Suponha que seus clientes podem se atrasar, porque precisam encontrar um lugar para estacionar. Considere fazer uma parceria com um estacionamento nas redondezas e ofereça esse serviço.

Padronização dos processos

Estabeleça padrões e procedimentos claros para todos os aspectos do negócio, desde o atendimento ao cliente até a execução dos serviços. Isso garantirá consistência e qualidade em todas as interações com o cliente. Uma ideia é criar um manual de processos que deve estar sempre disponível para os funcionários e profissionais parceiros, além de oferecer treinamentos para que todos entendam essa organização.

Proposta com foco no cliente

Coloque o cliente no centro das suas decisões. Conheça suas necessidades e expectativas, personalize os serviços de acordo com suas preferências e busque constantemente formas de encantá-lo e superar suas expectativas. Escute seus clientes e entenda a dor deles.

Preço com foco no resultado

Estabeleça uma política de preços estratégicos, considerando o valor percebido pelo cliente e a rentabilidade do negócio. Ofereça pacotes e promoções atrativas, mas mantenha-se consciente do impacto nos resultados financeiros.

Equipes atualizadas

Invista na capacitação e atualização constante da sua equipe. Proporcione treinamentos, workshops e cursos para que seus colaboradores sejam especialistas em seus campos, garantindo um serviço de qualidade e atendimento excepcional.

Ética

Cultive uma cultura organizacional baseada na ética e na transparência. Seja honesto com seus clientes, respeite seus concorrentes — eles não são seus inimigos — e trate seus colaboradores de forma justa e respeitosa. Essa postura fortalece a reputação da sua marca e ajuda a construir relações e parcerias sólidas.

Gestão financeira

Um dos principais pilares da gestão é o gerenciamento financeiro. Afinal, mexer no bolso é complicado. Já expliquei alguns conceitos básicos quando falei sobre a contabilidade. Falei também da parte que envolve as leis, os números e os impostos do seu negócio.

Apesar de ambas as áreas caminharem juntas em diversos momentos, a principal diferença é que, na gestão financeira, muito mais do que registrar, classificar e interpretar cifras, como acontece na contabilidade, usamos esses dados para tomar decisões e atitudes de forma estratégica e mais alinhada com os valores e objetivos da empresa.

A área abrange aspectos como controle das receitas e despesas, a administração do fluxo de caixa, o planejamento de investimentos e busca por formas de maximizar os lucros, além de ser fundamental para garantir a saúde financeira do seu negócio e proporcionar um crescimento sustentável.

Rotina financeira

Essa é uma etapa essencial para manter a gestão do seu negócio em dia. Para isso é preciso criar o que chamamos de rotina financeira. Ela ajuda você a ter uma visão mais próxima das suas finanças e é uma prática muito útil para a tomada de decisões estratégicas na sua empresa.

Manter uma rotina financeira é, basicamente, colocar em prática e com regularidade alguns hábitos que ajudam a organizar números da sua empresa e, assim, ampliar seu potencial e descobrir novas oportunidades de crescimento. Por exemplo, preenchendo documentos, comparando fluxos fiscais, preenchendo a planilha de fluxo de caixa e conciliando-a com as movimentações bancárias.

Fluxo de caixa

As planilhas de fluxo de caixa são ferramentas que apresentam o registro e o acompanhamento de todas as entradas e saídas de dinheiro do negócio em um determinado período, geralmente mensal. Essa talvez seja a rotina mais importante para todo processo de gestão financeira.

Isso possibilita uma visão clara, detalhada e atualizada da disponibilidade financeira da empresa a partir das receitas provenientes das vendas de serviços e produtos, assim como as despesas relacionadas às operações do negócio, como pagamento de fornecedores, aluguel, salários, entre outros. É como se fosse uma grande fotografia das contas do seu negócio naquele momento.

O fluxo de caixa deve ser preenchido continuamente para que esteja sempre atualizado. A ideia é que você não precise consultar o extrato do banco para saber se sua empresa está no azul ou no vermelho. Abaixo você confere uma ideia simples de colunas de controle e organização desses valores:

- Data.
- Mês e ano.
- Receita — despesa.
- Descrição.
- Entrada.
- Saída.
- Saldo.

Outras rotinas

Manter tudo em ordem requer um cuidado contínuo e rotineiro. Por isso, além do fluxo de caixa, há outras atividades que podem ser feitas para ajudar na gestão financeira da sua empresa. Vou listar algumas:

- Pagar todas as contas e débitos pendentes.
- Conferir os valores a receber.
- Verificar todas as contas bancárias do negócio.
- Realizar o processo de conciliação de vendas das máquinas de cartão.
- Verificar se as taxas das máquinas de cartão estão conforme o acordado.
- Fazer a emissão de notas fiscais para profissionais parceiros.
- Manter o pagamento dos colaboradores e profissionais parceiros em dia.
- Fazer o reabastecimento do estoque.

A gestão é o alicerce que sustenta o crescimento sustentável do seu empreendimento. Mas lembre-se de que só existe um segredo para uma gestão de sucesso: buscar conhecimento constante e colocá-lo em prática, dia após dia.

Um bom gestor é também um bom aprendiz, ouvinte, questionador e analista. É alguém inquieto que possui visão geral do que acontece dentro e fora do negócio, acompanhando as tendências de mercado e as inovações do setor. Investir em seu aprendizado e manter a visão estratégica sobre seu empreendimento são passos essenciais.

Além disso, é essencial reconhecer a importância de um profissional de gestão. Um gestor especializado pode trazer insights valiosos, orientar na tomada de decisões e ajudar a alcançar resultados ainda melhores. Uma gestão eficaz pode ser uma das principais aliadas na conquista dos seus objetivos, fazendo seu negócio se destacar no mercado.

DE DENTRO PARA FORA, DO ZERO AO TOPO

Se você chegou até aqui, é porque carrega dentro de si o desejo de construir algo grande. Talvez esteja começando agora, sem muitos recursos, só com a vontade e uma boa ideia. Ou talvez já tenha um negócio e esteja em busca de clareza para dar o próximo passo.

Independentemente do estágio em que você está, tudo o que compartilhei nesta parte do livro tem um único objetivo: preparar você para a realidade do mercado com base em quem já viveu cada uma dessas etapas.

Aqui, você vai encontrar caminhos, estratégias, alertas e atalhos... todos testados na prática. Não são teorias de livros, mas são aprendizados que vieram da vivência, da tentativa e erro, da análise real de comportamento do consumidor, da dor de uma queda no faturamento e da coragem de recomeçar com mais inteligência.

Empreender é um jogo que se vence com clareza, coragem e consistência. E, quando você tem acesso aos bastidores de quem já enfrentou essas batalhas, você encurta o caminho. Se quiser começar do zero, aqui você encontrará base, estrutura e direção. Se quiser escalonar seu negócio, aqui você encontrará estratégias sólidas, visão de longo prazo e ferramentas para crescer de forma sustentável.

Mais do que isso, aqui você pôde encontrar um princípio que vale para qualquer fase da sua jornada: construir um negócio sólido começa com construir uma mentalidade forte. Porque, no fim das contas, as marcas que permanecem são aquelas guiadas por valores, e os empreendedores que vencem são os que continuam mesmo quando tudo parece incerto. Agora, com o que você tem em mãos, é a sua vez de fazer acontecer!

Dados Internacionais de Catalogação na Publicação (CIP)
(Câmara Brasileira do Livro, SP, Brasil)

Torres, Elias
A arte de empreender do zero: Como tirar do papel e construir um negócio com propósito / Elias Torres
1ª ed. São Paulo: Buzz Editora, 2025
192 pp.

ISBN 978-65-5393-482-5

1. Empreendedorismo 2. Gestão de negócios 3. Liderança 4. Planejamento estratégico 5. Vendas – Administração 6. Vendas – Técnicas I. Título.

25-284815 CDD 658.421

Índice para catálogo sistemático:
1. Empreendedorismo: Administração de empresas 658.421

Aline Graziele Benitez, Bibliotecária, CRB 1/3129

Publisher ANDERSON CAVALCANTE
Executiva CÉFARA MORAES
Coordenador editorial NESTOR TURANO JR.
Editora LAURA CAMANHO
Editora assistente ÉRIKA TAMASHIRO
Assistente editorial BEATRIZ FURTADO
Preparação JULIAN F. GUIMARÃES
Revisão MAITÊ ACUNZO e LAILA GUILHERME
Direção de arte GABRIELA CASTRO
Designer LETÍCIA DE CÁSSIA

Comercial VANESSA ALMEIDA, TACIANE FERREIRA,
TAÍRES PEREIRA e ALINE CRUZ
Comunicação e marketing LEONARDO CAVARZAM,
ISABELLE PELOZZO, RAFAELLA RHEIN
e ANA CLARA DE OLIVEIRA
Eventos MARISA MARIANNO e RAYANA ALANA
Operações VERA DANTAS, FLÁVIO BOMBARDI, WILLIAM ARAÚJO,
RAFAEL VALENTIN e ZENI MARTINS DOS SANTOS

Nesta edição, respeitou-se o novo
Acordo Ortográfico da Língua Portuguesa.

Buzz Editora Ltda.
Av. Paulista, 726, Mezanino
CEP 01310-100, São Paulo, SP
[55 11] 4171 2317
www.buzzeditora.com

Fontes TIEMPOS e NEW GROTESK
Papel ALTA ALVURA 90 G/M^2
Impressão IMPRENSA DA FÉ